改革开放元勋画传丛书

谷牧画传

“十二五”国家重点图书出版规划项目

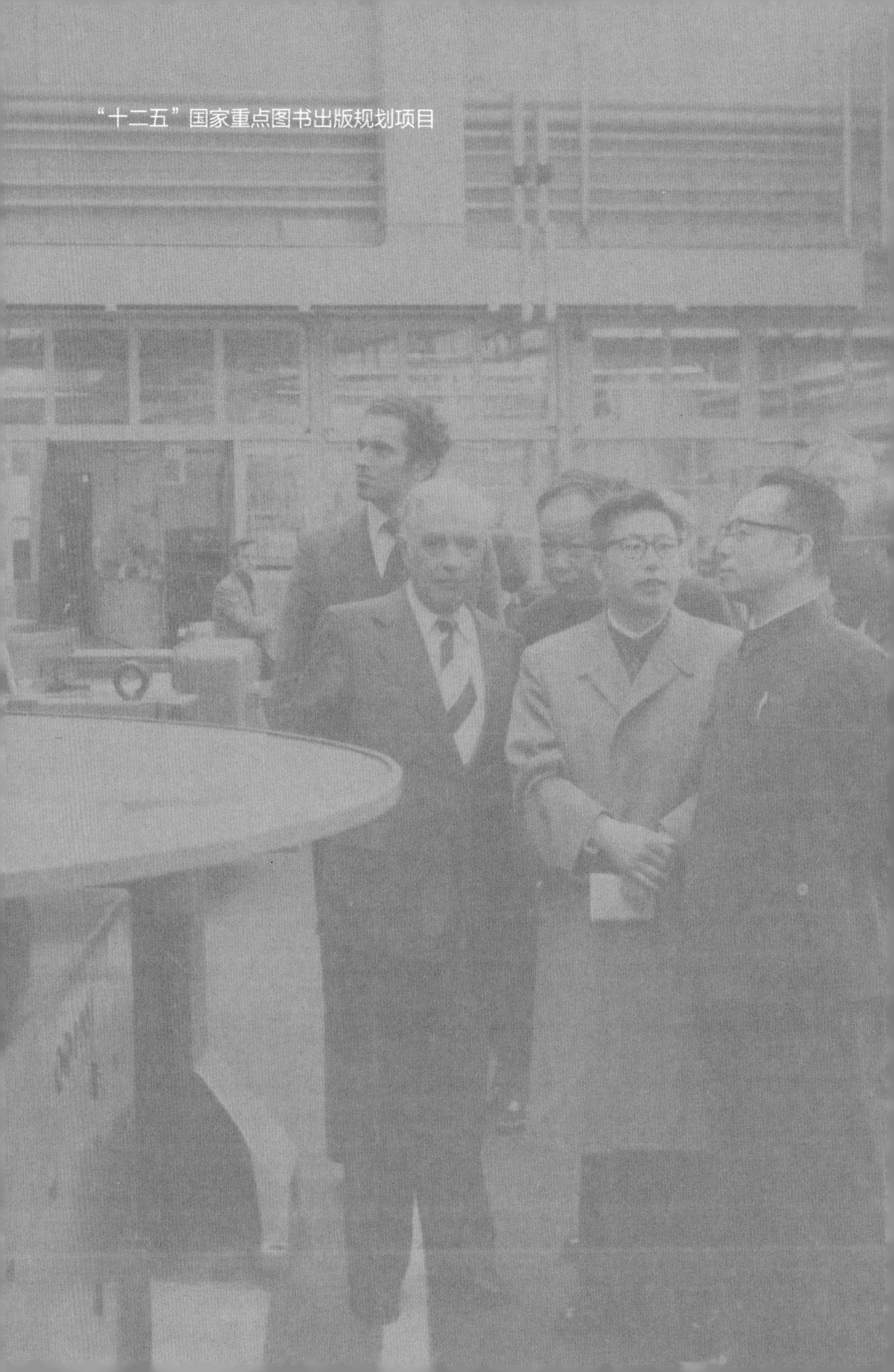

刘会远　著

谷牧画传

人民出版社

谷牧百年诞辰纪念

柳玉昌 刻

锐意开拓进取

加快特区建设

为珠海市题

谷牧

一九九〇年七月

改革开放元勋

谷牧同志

朱镕基敬题

二〇一六年夏

出版前言

改革开放开启了中国特色社会主义道路，开启了中国的新纪元。邓小平是这条道路的开创者、总设计师与主帅，历史将永远铭记他的不朽功勋。与他一起披荆斩棘的还有他的战友、他手下的大将们，这些改革开放的元勋们和主帅一道团结带领亿万中国人民共同开辟了我们今天的新征程。他们的贡献值得大书特书，他们的事迹值得记忆与敬仰，他们是今天走在改革开放新征程的广大党员干部的榜样与楷模。

为了缅怀这些改革开放的元勋，方便读者特别是广大干部熟悉学习这些楷模与榜样，我们决定出版《改革开放元勋画传丛书》。为使丛书内容早日呈现读者，我们根据书稿撰写进展情况，采取分辑分册方式出版。

中国已进入改革开放的新时代，以习近平同志为总书记的党中央已发出了具有划时代意义的改革开放新宣言。实现这一宣言，需要一大批具有与时俱进、时不我待精神，具有天变不足畏、祖宗不足法、人言不足恤气魄的勇将，需要无数投身改革开放的干部，需要亿万民众的共同奋斗。只有这样，我们的伟大事业才能不断得以向前推进。

人民出版社

2014 年 8 月

目　录

一、私塾拔尖，高小连三甲

谷牧，山东人，出生于1914年9月28日，按过去的卫所制度，他常称自己是威海卫（或成山卫）宁津所（现为荣成市宁津乡）东墩人。谷牧本姓刘，排"家"字辈。外祖父是乡村秀才，援引《孔子家语》的书名，给他起名刘家语。

这是明代卫所海防体系留下来的烟墩（放狼烟），东墩村由此得名。谷牧儿时经常与小朋友们在这里嬉戏玩耍

1978 年夏，谷牧与夫人牟锋在祖屋前留影

谷牧祖上是殷实之家，到祖父这一代日渐衰微，经常靠卖地来解决家中的困难。不仅日渐贫弱，人丁也不兴旺。祖父的上两代单传，父亲又是独苗，接着谷牧亦是独生子，下面有四个妹妹。

谷牧虚岁八岁那年，父亲得肺痨（肺结核）病故，使这个本来就很不景气的家庭雪上加霜。

1922 年，谷牧到镆铘岛跟随外祖父读私塾。每天上学前，先向孔子牌位作揖，再向教师外祖父行礼，然后坐下来读书。从《三字经》《百家姓》开始，谷牧依次读了《论语》《大学》《中庸》《孟子》《诗经》。还选读了《书经》《古文观止》《古文辞类纂》中的许多古文以及唐诗等。

外祖父教书，基本循用传统方法，先识字，再囫囵吞枣式地死记硬背。谷牧诵读三年，外祖父才开讲。他的讲解采用的是朱熹的诠释体系，注重伦理道德引导。谷牧后来回忆，外祖父虽然是旧文人，但并不排斥新事物，他还给谷牧教了白话文

少小离家耄耋归乡的谷牧，坐在老宅旁临街的条石上回忆往事

谷牧出生在这座海草屋顶的农舍之中

和算术。

在学生中，谷牧勤奋且成绩最好，外祖父很是得意，经常带谷牧去参加乡村知识分子聚会。谷牧 13 岁时，游览了家乡的名胜朝阳洞，回来作了篇游记，按照外祖父的要求，在结束时附了几句骚体赞。

"名山一揽兮胜地遍游，日光反照兮不归何求，归来爱笔作记兮愿以致之名流。"少年谷牧的文采被当地读书人交口称赞。

转眼间谷牧 15 岁了，外祖父对他说："我能教你的东西已讲得差不多了，你爷爷若再要你读书的话，你就去外面求学吧。"

外祖父王东堂所办私塾旧址，石头砌的墙壁、海草铺就屋顶，是胶东典型的农村建筑

荣成县立第一高等小学旧址

谷牧想上威海的中学，但因没有文凭，只能从高小五年级读起。无奈一门孤寡，靠祖父卖两亩地供谷牧在荣成县立第一高等小学读了两年。

荣成第一高小的功课，对有七年扎实国学功底的谷牧来说太简单了。勤学精进的谷牧有大量的时间广泛阅读文史作品，从《三国演义》到郭沫若的诗歌、鲁迅的小说杂文，再到社会科学著作，他的阅读量很是惊人。

谷牧常常在作文中抒发对社会时政的见解，很得老师的赏识。据谷牧的小学同学、后来成为海军政委的李耀文上将回忆说：谷牧几乎每一篇作文都被圈圈点点，公布在学生佳作栏

1978 年 8 月 27 日，谷牧登门看望原荣成县立第一高小的唐述尧教务长

孙季周（中）晚年重返故乡时在秦桥遗迹留影

里。这种情况也引起了地下党员孙季周的注意。大约在 1931 年夏季，孙季周接近了谷牧。两人相谈甚欢，相见恨晚，成了好朋友。在孙季周的家里，谷牧看到了中共北方局的秘密文件，接触到了红军、苏区等诸多信息。两三个月之后，经孙季周介绍，谷牧和同学曹漫之加入了共青团，成为了荣成的第一批共青团员。他们积极开展了团的活动。曹漫之高谷牧一年级，擅长画画（后留校做了美术教师），常为谷牧的进步文章配图，珠联璧合。

成为团员后的谷牧仍保持着学习上的领先优势。全县会考、文（登）荣（成）二县会考、文荣威（海）三县会考，谷牧连夺三甲。

二、"红七师"党支部书记

1932 年，谷牧高小毕业，家庭再也供养不起他读书。祖父希望他在乡村当初小教师养家糊口，而谷牧一心想外出继续求学。恰逢山东省立第七乡村师范学校（文登乡师）在邻县文登组建，入学不要钱，每月还发 5 元津贴，除去 4 元饭费，尚有零用，谷牧报考了这所学校，并且名列榜首。

民国时期山东省立第七乡村师范学校外景

1932 年，文登乡师建校初期，刚当选为支部书记的刘家语（谷牧）与支委丛烈光、邢礼文在校长于云亭（左二）家里开会，左一持笔记录者为本校教师汤成九，是于校长的夫人，也是共产党员。此画作由今文登师范郭金萍绘于 2010 年

孙季周告诉谷牧，文登乡师校长于云亭是济南来的中共党员，要谷牧找其接关系，并对他寄以很大期望。在组织的安排下，谷牧转为中共党员。

第七乡师因其党组织在胶东地区发挥了重要作用，为革命培养了大量人才，因而后来有"红七师"的美誉。当初成立秘密党支部时，有 10 多个党员，教师学生各半。大家本来要选举于校长任支部书记，但于云亭认为自己目标太大，容易暴露，他推荐选举谷牧担任党支部书记。他还借口谷牧关节炎

1978 年，谷牧在文登乡师老校门前留影。很遗憾，由于文登市扩宽道路，这座具有文物价值的老校门已被拆除

病情严重，专门找了一间小房让谷牧住进去，成为党支部秘密活动场所。

到 1933 年，文登乡师党支部已经发展到有 40 多个党员。后来任上海市委副书记的王一平、解放军总政治部组织部长刘其人少将、与著名科学家钱学森搭班子的中国科学院力学研究所副所长兼党委书记张从舟等都是谷牧在这一时期的同学、党内同志和地下工作的亲密战友。

1934 年初，党支部的工作出现了一个意外问题。地下党员张童华追求学校的一位女学生，对方不愿意，他依然死皮赖脸地纠缠不休。于校长和谷牧批评了他，张童华十分恼怒，竟然放出话威胁谷牧：不是用红色对付你（告密），就是拿手枪对付你。

谷牧看望原文登乡师于云亭校长

文登乡师是我的母校
我对她怀有深厚的感
情衷心祝愿母校事业
发达人才辈生

谷牧
一九八九年
五月上旬

热爱祖国热爱工农热爱劳动
热爱科技为实现社会主义和
崇高的共产主义理想而奋斗

文登师范建校六十周年纪念

于云亭敬书

谷牧及于云亭老校长为文登师范的题词

谷牧母亲王竹

根据这种情况，党组织安排谷牧及时撤出乡师。张童华果然叛变，国民党山东省党部捕共队和县里的警察突然逮捕于校长。党支部组织教师和学生进行了声势浩大的请愿，当局抓不到把柄，不得已将转移到省监狱的于校长放了回来。

谷牧化名刘曼生，对外称是北平来的学生，到海阳县驾马沟村小学任教。期间，谷牧担任中共胶东特委秘书，组建了秘密交通联络站。半年后的1934年暑假期间，在文登乡师上学的学生回到驾马沟村，谷牧又一次暴露身份。那时胶东党组织和上级失去联系已有一段时间，胶东特委决定，派谷牧去北平找党组织联系。

临行前，母亲王竹拿出积攒多年的10元私房钱要儿子带上，恋恋不舍地把他送出村。此后，谷牧在北平和东北军中做地下工作，为了家人的安全，一次次挥泪按下给慈母写家信的冲动，直到后来家乡成为抗日根据地。

那次离别母亲的情景一直在谷牧眼前挥之不去。游子远离，为娘心系。母亲想儿子，常到村口翘首等待，甚至会在夜里到街上去呼唤谷牧的乳名，喊着："你回来吧！你回来吧！"谷牧听到这个消息，心里凄痛难忍，曾隐忍赋诗："寒风冷雨阻不住，夜夜街头唤儿归……"

三、在北平投身左翼文化运动

1934 年 7、8 月之交，谷牧辗转来到北平。经姑父介绍，住到位于宣武门一带的山东会馆，进了山东同乡会办的山东高中读书，暂时寻个合法身份作掩护。

1935 年，谷牧在北平时的留影

当时，以蒋介石侄子蒋孝先任团长的宪兵三团等刚刚使北平的党组织受到严重破坏，与党联系的线索中断了。在孤寂的日子里，谷牧靠写稿为生。他写小说和小品文向报社投稿，陆续刊登了几篇，每月得到三四块钱的稿费，勉强维持生计。谷牧还办了一个北京大学文学系的旁听证，去听《中国文学史》《西洋文学史》等课程。他边学习边寻找和党联系的机会。

有一次去报社领稿费时，谷

牧遇到了一位读过他文章的投稿者王云和，交谈起来颇为投契。王云和又介绍谷牧认识了吕爨龙，三个人成了好朋友。

1935 年夏天，《何梅协定》后，中央军南撤，由西北军宋哲元主持平津一带的政局。遭到严重破坏的北平地下党和各左翼团体得到了恢复的机会，吕爨龙、王云和给谷牧介绍了一位"朋友"——

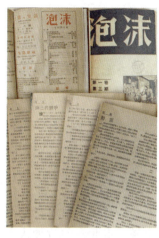

谷牧以牧风笔名发表的
《海上的斗争》《剿匪》

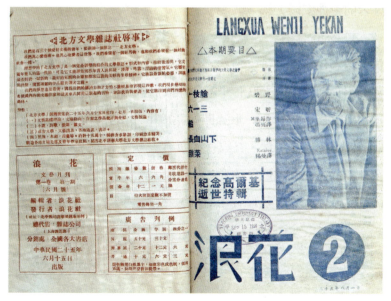

《浪花》杂志

谷景生。

谷景生当时是北平地下团委书记，他同谷牧在中山公园见了第一面，后又约谈几次。谷牧感到此公政治见解颇高，有来头。接触了一段时间后，就试探性地提出要找党组织。终于有一天，谷景生要谷牧把自己的情况，包括入党前后、文登乡师的情况、为何离开胶东到北平等经历写个东西。

秋季，来北平一年后的谷牧终于和党组织接上了关系。谷景生代表组织指示谷牧先办个文艺期刊，重新组织力量，恢复左联。由此，谷牧加入了王云和、吕夔龙筹办的《泡沫》杂志，将其办成了左联的刊物。《泡沫》成了左翼文学青年和文艺爱好者的精神家园。

1935年11月，左联恢复，谷景生任书记，谷牧任组织委员，杨彩任宣传委员。"一二·九"学生抗日救亡运动爆发时，党组织指示谷牧等左联骨干不公开参加这一活动。

随着当局的镇压，形势陡变。1936年2月，谷景生被捕，《泡沫》杂志被查封。谷牧接手负责左联工作，又办《浪花》杂志。此时，谷牧已经改变斗争策略，不直接出现在前台，成为浪花杂志社这群热血青年的组织者。

四、身陷囹圄冷静应对

谷景生被捕后，谷牧有任务去过一次山西运城。

1936年4月初回到北平后，谷牧在辟才胡同一处公寓建立了秘密碰头点，并与杨彩、魏东明、张甦平等研究和处理左联的工作。

西安门大街22号院内西南角曾经关押谷牧、王一平的地方，现在盖起了一座礼堂

1981 年，谷牧（左二）、牟锋（右一）与王一平（右二）及夫人张梅修（左一）在葛洲坝合影

1936 年 4 月 30 日晚，老同学王一平来看望谷牧，他是1935 年底组织胶东暴动失败后来北平的。清晨两点，住在同院正房早就盯上了谷牧的一名特务带着几个军警冲进来，抄出谷牧的一些文稿，把他俩押到北平军警督察处。

次日上午，谷牧的牢房里押进来一个新犯人，一进门就大骂国民党，称谷牧为"小同志""小老弟"，问他"是什么案子进来的"等等。谷牧看他举止不自然，估计是个要苦肉计的家伙，未予理睬。下午，此人被提走了。夜里，谷牧被提审，审问者就是白天那个家伙。他逼谷牧承认自己是共产党，还说"杨彩是领导你的，你说不说都一样"。没想到这句话使谷牧听出了破绽，他一口咬定自己是学生，坚称对方抓错了人。

再次审问谷牧的是一位有胶东口音的法官，他相信了谷牧所说"王一平是老乡，来串门被一起抓了进来"。王一平也是久经地下工作考验，二人配合默契，敌人在审讯中没有抓住任何破绽与把柄。

十几天后，那个山东籍法官便叫他们取保走人。就这样，王一平先出去，按谷牧的指点找到山东会馆看大门烧开水的老张头，开来一张盖有山东会馆戳子的保单，谷牧终于安全出狱。

出狱后，谷牧立刻换了住处，组织上让他尽量隐蔽。但有的活动是必须有左联负责人出面的，比如在北京大学举办的一个讨论文学方向的集会，他就参加了。会上对"国防文学"和"民族革命战争的大众文学"这两个口号发生了激烈的争执。谷牧晚年在回忆录中说："我内心是赞成'国防文学'……明确简练，动员团结面广……但'民族革命战争的大众文学'这个口号是左翼文坛旗手鲁迅先生提出来的，我对之不能公开说不同意。"便设法避免了表态。

8月初，谷牧和一批平津地区已暴露的地下党员和进步青年被安排到西安参加了东北军的学兵队。从此，谷牧这位北平左翼文坛"少帅"的人生轨迹，发生了反差极大的变化，他到了一支旧军队中去搞"兵运"，从一个"兵"做起。

五、淞沪会战带回重要文件

1936 年 8 月初，谷牧到西安的东北军中开展工作。

谷牧等 100 多人到达西安时，正式被称为东北军学兵队，驻扎在西安的东城门楼。报到时，谷牧按组织建议，称自己老家在旅顺附近。因为当地方言与胶东话接近，而东北人身份有

宽阔的西安东城门城墙顶部，是当年东北军学兵队训练的场地

利于在东北军扎根。谷牧在回忆录里谈到学兵队后来出领导干部的比率相当高时，归结为："学兵队不仅使学员们在政治上和军事上得到培养，而且经历了'西安事变'的惊涛骇浪，使这批文化水平比较高、洋溢着革命热情的青年军人得到了一次难得的站在历史大舞台上应对复杂局面的锻炼机会。"

1937 年 5 月，在"西安事变"中发挥了重要作用的东北军学兵队（先改为青训班，此时已称差遣二队）被蒋介石下手谕解散。党组织留谷牧和少数同志分散到东北军的部队继续从事兵运工作。1937 年 6 月，谷牧被分配到驻信阳的 67 军 107 师，在师部当司书。主要职责是起草文件，协助书记官保管师部的关防（公章），掌握团以上军官证件的发放和保管。直接上司书记官已 50 多岁，精力不济，自谷牧来后，起草文稿皆由谷牧主笔，书记官一字不改，只盖个章就送师长"画行"。

谷牧到部队刚一个月，就发生了"七七事变"，抗日战争全面爆发。华北吃紧，67 军曾在津浦线、平汉线北线与日军中岛今朝吾师团和土肥原师团激战。

1937 年 8 月 13 日淞沪会战打响后，67 军接到命令，驰援松江与 40 军残部及保安部队死守松江县城 3 天。付出了鲜血和生命的惨烈代价后，坚持到了 11 月 8 日午夜，阻击日军的任务胜利完成。

当时 107 师师部没有固定地点。连续 3 天的战斗，个个疲累已极。8 日深夜，谷牧在师部临时驻地青浦县一个小村庄的

禾场上睡着了。9日晨，被一声剧烈的爆炸声惊醒，发现师部其他成员都已不见踪影。谷牧急忙收拾起书记官撤退时遗下的

1982年7月21日，中央党史资料征集委员会召开了东北军学兵队在京人员座谈会，到会的老同志与中共东北军党史小组成员合影。由中央党史研究室黄俊杰同志摄影。

前排左起：张化东、万毅、陈大章、廖盖隆（中央党史研究室副主任）、谢筱迺（中央党史征集委员会副主任）、宋黎、康博缨、谷牧、于维哲、卫之、魏国运、高锦明。

中排左起：王树文、伊洪、秦仲芳、王雷、王铁铮、汤丁光、冷拙、杨恬、高尚林、朱明、李伟。

后排左起：孙广纯、陆军、孙达生、徐瑞林、谷小波、孙树锋、姬也力、王林、梁彦、曹丽新、王秦（中国社科院近代史研究所研究员、张学良大姐张舍英的外孙女）

师部关防和重要文件，跑到村头一看，尽是撤退的士兵，说是师部已向西南方向撤走。

谷牧连忙向同一方向赶去。路上有些散兵看他是师部的人，也跟着一道行进。急急忙忙走了七八里路，遇到一条不小的河，河上有桥可过。谷牧等跑上桥，被迎面一队日寇的骑兵发现。他们下马端着枪扑过来。对谷牧来说，最重要的事情就是不能让师部关防落入敌人手中。急中生智，他连忙扔掉背包，脱了外衣，只带着公文袋（内有师部关防、师长图章及团长们的证件等）和手枪就下水沿河游去，从侧面避开了敌人的搜索。在寒冷的河水里一直游了两里多路，看两岸没动静才上来。

谷牧一路打听师部的消息，到了苏州，满街都是溃散的军人，铺面紧闭，吃喝都找不到，他意识到不能顺着敌人进军方向往西走，便带领跟随的107师的士兵经太湖插向西南，辗转到江西的浮梁。一路又集结了散兵约百把人，在九江过长江，于12月下旬抵信阳。

找到师部时，师长正为部队打光了、又丢了关防，可能会被取消编制而发愁，见谷牧交来师部关防，还收拢带回了100多个弟兄，大喜过望，对谷牧大加称赞，为师部撤退时没有通知到谷牧表示歉意，还许诺保送他上中央军校，毕业后委以重任。

谷牧判断107师恢复建制希望渺茫，而自己经历了淞沪会

战以及对这场战争的研判，已经形成了一些见解，他要写个报告，献给自己的部队——八路军，便找了个理由辞职而去。师长重义气，放谷牧走，还附送 80 块大洋作路费。

六、第一次面见周恩来副主席

刚过 1938 年元旦，谷牧到了武汉。这时，上海、南京已相继失守，大批达官富贾携家带口逃来，旅馆爆满。谷牧用师长奖励的大洋买了一身学生装，硬着头皮住进了汉口法租界一家昂贵的法国饭店，马上着手给八路军武汉办事处写报告。

报告叙述了他对淞沪会战的一些认识，指出长期打内战的中国军队现在面对的是一支现代装备的侵略军，我党领导的军队应认真吸取淞沪会战的经验教训。

谷牧的报告引起了八路军驻武汉办事处的注意。没过几天，谷牧就接到约见通知。在八路军办事处，由李涛先接待。就在谷牧向李涛汇报时，周恩来走了进来。谷牧马上立正，恭恭敬敬行了一个军礼。

"你就是谷牧啊！"周恩来亲切地握着谷牧的手说。"李涛同志大概已经给你讲过了，你的报告很有参考价值。听说你住在一家旅馆里，不大方便，让李涛同志另外安排个合适住处，先找一批书和文件给你看，然后再谈你的工作问题。"

这一席话令谷牧很激动，飘梗浮萍的生活结束，有一种游

子回家的感觉。

谷牧向周副主席表达了很想到延安学习的强烈愿望，并进一步介绍了自己原先在北平左联的情况，以及东北军学兵队中有一批北平左联的青年作家。

周恩来用深沉、睿智的目光打量谷牧，停顿了片刻，意味深长地说："目前从国统区到延安的艺术家和文学青年很多，据我看，敌后工作可能更需要你。"他让谷牧坐下跟李涛接着谈，然后离开忙别的事去了。

谷牧将剩下的50块大洋，一并上交给了组织。

当天，李涛安排谷牧到武昌东北救亡总会住下。谷牧惜

八路军武汉办事处老照片

时如金，认真阅读一批党的文件。一个月后，谷牧接到了新的重要任务，长江局派他和长江局巡视员张文海到东北军 57 军 112 师 334 旅 667 团去做团长万毅的工作。

出发前，李涛拿出了 50 块大洋说："这是你上交组织的钱，经领导研究决定发还给你，作为完成这次任务的经费。"

七、发展万毅团长入党

　　1938 年元宵节，谷牧和张文海到达连云港新浦，住进陇海公寓。设法通知万毅，有两个乡亲前来拜访。不久，万毅前来，他不认识谷牧和张文海，乍一见面有点诧异。谷牧赶紧迎上前说："我在西安学兵队听过您的讲话，刘澜波是我们的好朋友，他经常提起您。"万毅释怀："刘澜波是老朋友啦。"

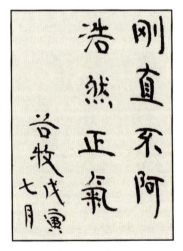

谷牧为《万毅将军回忆录》的题词：刚直不阿，浩然正气。右侧照片是万毅 1930 年东北陆军讲武堂毕业照

谷牧重访陇海公寓

　　谷牧见万毅消除了疑虑，便进一步亮明身份："周恩来同志让我们来看看你。"接着谈到万毅在被押时期周恩来和长江局对他命运的关心。谷牧单刀直入地问："你对参加共产党有什么考虑？"

　　万毅想了一下说："抗日救国，我决无二心，请共产党放心。但我的理论不行，学得还不够。"谷牧二人见他思绪尚未理清，也就没有强求，只诚心诚意地说了些道理。

万毅，辽宁金县人，满族，是东北讲武堂第九期的高才生。毕业考试时名列 1980 名同学的榜首，张学良亲临学校颁奖，奖品是指挥刀和怀表。他为人正直，不嫖、不赌、不贪污、不携眷随军，整肃部队不许滋扰百姓，并在"九一八"后力主收复东北失地。

1936 年 1 月，万毅被任命为 57 军 627 团团长，后通过中共地下党员刘澜波，将一批进步青年吸收入伍，宣传抗日救亡。万毅与其中的秘密党小组保持联系，掩护他们工作。10 月底，万毅担任党的外围组织——"抗日青年团"名誉团长。"西安事变"中，他坚决支持张、杨联共抗日。2 月 2 日，东北军内发生了内乱，万毅被军长缪澂流逮捕扣押。"七七事变"后，迫于舆论压力释放，被任命为 672 团团长，参加了南京保卫战，后改任 667 团团长。

第二天，万毅来到谷牧的住处郑重表示："我想通了，如果组织上认为我还够格，我愿加入共产党。"后来万毅告诉谷牧，那天恳谈后他一夜没睡，思前想后觉得要打败日本鬼子，靠国民党没希望，得靠共产党。

八、改变 667 团精神面貌

万毅入党，中共 112 师地下工委在 667 团扎下根。地下工委由伍志钢、谷牧、李欣组成，伍志钢是首任书记。谷牧和伍志钢既是西安学兵队战友，又是北平左联成员，对爱国的知识青年有天然的感召力。他们按东北军学兵队办法，在 667 团先后办了 3 期新兵队，共训练了 250 多名进步知识青年。他们又与在 668 团长期隐蔽的吕志先接上关系，1938 年 5 月正式发展该团 1 营营长刘杰为中共秘密党员，668 团 1 营成为另一重要发展基地。中共 112 师地下工委的工作，改变了 667 团和 668 团 1 营的骨干结构成分，为党培养了一大批干部。

吕志先同志在东北军 112 师 668 团工作时的照片

万毅在 627 团当团长时，用《马赛曲》的谱子写过团歌。由进步知识青年新兵组成的宣传队很快教会了全团唱这支歌。谷牧很喜欢法国作家巴比塞的小说《火线下》，在 667 团，同当年在文登师范时一样，谷牧办了个小报也叫《火线下》。

受到《火线下》的影响，师部和其他 3 个团也先后办起小报，名字分别是《火把》《火炬》《火光》《火焰》。国民党的政训机构实际被架空了。

万毅填词的 627 团团歌（后为 667 团沿用）、《万毅将军回忆录》

随着 112 师工委工作的展开，进步知识青年不断输入，部队面貌活跃，精神振奋，667 团的战斗力提高了，接连在配合徐州会战的外围作战和连云港保卫战中打胜仗。袭击合肥机场时，炸毁了 4 架日军飞机。后破袭滕县以南的津浦线铁路，生擒"日本华北经济考察团"团长远山芳雄和他的助手猿桥新一。

667 团的朝气蓬勃和凌厉战斗力引起了人们的注意，向万毅提出要人的不少。万毅团所在的 334 旅旅长荣子恒，不但吸收了 667 团第三期新兵队学员，还要谷牧把全旅的抗日宣传和文化教育工作抓起来。后来组成了旅战地工作团，由谷牧任主任兼旅部中尉书记。工委利用时机，向各团输送进步力量，在各团建立宣传队。战地工作团十分活跃，不但给本旅各团营演出，也给师属其他部队及地方群众演出，教唱抗日歌曲。

原 57 军 112 师、111 师工委部分负责同志与 667 团一、二、三期"新兵队"部分在京同志合影。前排左二起：张翼、李欣、万毅、谷牧、吕志先、伊洪、唐奇；后排左起：徐昂、蓝孝永、赵欣、牟锋、陈先、秦寄平、李后、徐信、王冰、秦盾

一时，《五月的鲜花》《到敌人后方去》《怒吼吧！黄河》等抗日进步歌曲响彻营区，激励爱国官兵的抗日斗志，正气占了上风。

112师地下工委成立初期，由长江局领导。八路军115师进入鲁南沂蒙山区后，自1939年8月开始，改由罗荣桓亲自领导。谷牧在向罗荣桓汇报工作时得到了表扬。罗荣桓特别肯定工委吸收训练进步知识青年、改造旧军队的成绩，他说："同八路军一些师、团单位的政治工作相比，你们并不逊色，八路军的一个团里也没有这么多知识分子。"

九、光明磊落撤出友军

1939年9月16日晚，334旅战地工作团在奇宝山为驻地乡亲演出时，旅部受到日军的偷袭。在突围中，工委书记伍志钢不幸被敌人炮弹击中牺牲。

谷牧继任了112师工委书记。奇宝山战斗后，许多同志产生了消沉情绪，667团宣传队的工作几乎陷于瘫痪。谷牧从旅部到团里来和同志们谈心，进行动员鼓励，帮助调整了党内组织生活的领导机构，成立了联系各连分支和小组的团支部，恢复了《火线下》小报的出版和排戏教歌等日常活动。

1939年11月，国民党五届六中全会后，顽固派不断

112师首任中共地下工委书记伍志钢

　　万毅 1940 年初从东北军 112 师赴 111 师 333 旅任代旅长途中拍
了这张照片送给谷牧。1959 年庐山会议后，万毅被打成"彭德怀反
党集团重要成员"。谷牧让夫人牟锋在送万毅、郑怡夫妇离开北京
时，向他们展示过这张照片，意在鼓励他们：把发配陕西看作是开
辟另一个阵地而已。"文革"时这张照片被造反派抄了出来，谷牧家
因跟造反派"讲不清"万毅为何戴着国民党帽徽、穿着（缴获来的）
日本军大衣而没少受罪。"文革"后期落实政策，被造反派抄走的材
料退还回来时，谷牧庆幸这张照片居然还在，待到万毅获得解放之
日，又提供给了以为旧照已不复存在的万毅。图中的白马是万毅最心
爱的坐骑。这张珍贵的照片见证了万毅与谷牧之间真挚的战友之情

制造与八路军、新四军的摩擦，开展兵运工作愈加困难了。

1940 年初，万毅调往 111 师任 333 旅代旅长，刘杰提升为 336 旅 672 团团长。此时正是第一次全国反共高潮期，对万毅、刘杰两人被提升，谷牧有清醒的认识：经过两年的抗战考验，他们战功卓著，提升当之无愧，但更是调虎离山之计。两人思想进步，带出的部队不但有战斗力，且被牢牢掌握，以提升之名被调离原部，客观上是削弱了进步力量。

果然，继任的 667 团团长金克才处处与工委的意图作梗，667 团原本是工委在 112 师的大本营，而今却成了举步维艰之地。

1940 年初，工委派到师政治部工作的王武修被策反叛变，虽发现及时，处理果断，未酿成大祸，但谷牧的身份暴露了。

1940 年 2 月上旬的一天深夜，谷牧到费县布袋峪向罗荣桓汇报工作，得到有计划撤出的指示。谷牧迅即召开工委会议做周密安排。在收到一封"母病速归"的电报后，谷牧"请假"离队，到沂蒙山区根据地 115 师后勤部驻地大炉村住下，挂参议的名义，通过交通员递口

谷牧 1940 年 9 月到山东分局时的留影

信，继续领导工委的工作。

　　7月下旬，山东分局根据中央精神，决定从驻山东的东北军中撤出共产党员及民先队员。罗荣桓专门找谷牧具体研究，确定撤离方案，只留下在东北军"土生土长"的共产党员。罗荣桓强调，一定要组织好这次撤离的行动，表明我党光明磊落、顾全大局的原则态度。

　　曾在57军工作过的部分老同志1997年3月在谷牧家聚会时合影。前排右一为万毅、右二为谷牧；第三排左一为李后、左二为吕志先、左三为李欣、左四为张翼、左五为刘准；第二排左一为吕志先夫人，左二为牟锋，左三为李后夫人，左四为刘准夫人，左五为张翼夫人，左六为李欣夫人张杞（牟锋在姊妹剧团时的战友）

　　2010 年 6 月 3 日，刘会远在南京访问原南京高级步校副校长江潮将军的遗孀、原东北军 112 师老战士舒星

　　谷牧领导 112 师工委的同志，对撤离行动做了周密细致布置，要求撤离人员不带走东北军的一枪一弹；所有掌管的钱、物均要造册交割，列出单子；并对撤离人员、集合地点、撤离路线、联系方式等都做了详尽部署。谋划了多日，9 月 21 日晚，撤离 112 师的计划开始实施，谷牧亲率八路军的一个连在集合地点接应。

　　当东方布满朝霞，谷牧带着百余名撤出来的同志向山东分局驻地进发。天亮之时，撤出人员进入根据地，一位晚上崴了脚的女战士舒星（后来成为江潮同志的夫人）被人主动让上了一匹马骑马行军。晨曦中，她才知道让给她马骑的人竟是地下

工委的最高领导谷牧。

9月22日早上，112师各部队同时发现不少人不见了踪影，但他们的枕头下面都有一份《告东北军抗日将士书》，同时还附有账单、清单，借此表明两袖清风，无私无弊。

对此，112师官兵叹惋不已，反动军官则对部队中潜伏有如此大规模的中共组织且神鬼不觉毫发无损的撤退而大惊失色。

十、独立旅"离"又"不离"

1940年9月中旬，57军军长缪澂流派于文清、董翰卿通过已投敌的李亚藩与日军代表谈投敌条件。于文清本想躲，万毅要他参加谈判，掌握了缪澂流与日寇勾结企图投降的铁证。111师常恩多师长与万毅决定于9月21日夜抓捕缪澂流及其同伙。

不料有人告密，缪澂流潜逃。22日，常恩多领衔通电全国，并分别向重庆国民党中央政府蒋介石和鲁苏战区总部于学忠发了电报。

由于除奸与112师共产党员和进步分子撤离是同一天进行，师长霍守义、旅长荣子恒都深陷恐惧，感到岌

国民革命军57军111师中将师长、"8·3"举义的领导人常恩多

041

岌可危。不久，霍守义突然下令将他怀疑的刘杰团长扣押，后刘杰找机会逃脱。11 月 26 日，秘密党员 667 团 1 营 1 连连长江潮发觉营长韩子嘉企图加害他，当机立断将全连大部带走。而此前一天，667 团 1 营 3 连的排附王林和班长宋树仁察觉到连长李宝树有率队直接投敌的意图，便串联了 6 个班，将队伍拉出。他们都投奔到 111 师找万毅。万毅与于文清、刘杰商量，由刘杰、江潮带上这两个连到东海县羽山、末山一带活动，用 57 军补充团名义（刘杰任团长），在边沿地区开展游击战，并随即上报山东分局。

此时，已任山东军分委秘书主任、分局统战部部长并仍兼 112 师工委书记的谷牧，高度肯定这种"离"又"不离"的做法，紧急召集 112 师工委先撤出的张翼、王翀、丁一九、徐炜、王希坚等同志，派往补充团，建立党支部。

57 军补充团最初的 200 多名骨干来自 667 团，由于工委的长期浸润，他们抗日热情很高，带过来机关枪等许多精良武器，战斗力较强。刘杰、江潮等同志率领部队首先占领了朱子沟。后又打下了伪军王鹏盘踞的横沟据点和其他伪匪据点，收编了一些地方武装，开辟了一千多平方公里的海陵抗日根据地。

山东分局对这支部队的发展壮大特别重视。1941 年 4 月，分局统战部部长谷牧前来视察，宣布这支部队保留 57 军番号，扩编为独立旅，还明确规定独立旅为"友军面貌，党军本质"。

57军独立旅进行曲歌词。资料来源于东海县安峰山烈士陵园（安峰山革命纪念馆）

1976年8月到珍宝岛看望守卫边疆的儿子时，刘杰依然显示着老军人的威严

海陵独立团建制

团长：江 潮
政委：郑子久（后为唐青山）
副政委：唐青山（后为李克）
政治处主任：唐青山（兼）
一参谋：陈希孔
二参谋：贾跃祥
三参谋：李凤祥
四参谋：焦 平
组织干事：黄 毅 鲁 汉
政治干事：王 烈
俱乐部主任：郭保中
敌工干事：葛尚文
保卫干事：徐东海
供给处长：聂 巍
卫生队长：洒景浩
海陵独立团下设五个连
一连连长：吴文斌 政指：李玉轩
二连连长：周生福 政指：陈 金
三连连长：万水生 政指：于 辉
四连连长：刘科 政指：孔凡玉
五连连长：韩瑞庭 政指：沈 平

海陵独立团建制   海陵县行政区域示意图

谷牧与曾经任海陵县委书记的郑子久合影（时间约在 20 世纪 60 年代初）

1941年9月，在羽山西头隆重召开了纪念"九一八"10周年大会，谷牧以山东分局主任秘书兼统战部部长身份出席，并宣布57军独立旅正式成立，刘杰任旅长。同时，中共滨海区党委建立了东海工委，正式成立东海办事处，奠定了海陵根据地建设的基础。

十一、百十一师的新生

　　1940 年 10 月，57 军番号被撤销，111 师、112 师划归于学忠的苏鲁战区司令部直接管辖。1941 年初，国民党掀起了又一次反共高潮，111 师、112 师中的反动顽固分子气焰更加嚣张。从 2 月 17 日起，111 师的顽固派先扣押了万毅（9 个月

"8·3"举义前不久，郭维城（左后）与三弟郭金城（右后）及家人合影。郭维城是"8·3"举义的策划者

后转押国民党鲁苏战区总部）、张甦平等多名中共秘密党员，后又扣押、杀害、排挤、驱逐了一批进步官兵，还制造了袭击我日照县委、县府机关，袭击我地方武装的几起恶性事件，并频繁与八路军作战。

山东分局即派分局秘书主任谷牧，带了一个连靠近111师驻地，积极设法营救，但未能成功。

1955 年万毅获授中将军衔

万毅被关押了一年多后，1942 年初夏，蒋介石电令于学忠将万毅秘密处决。于不愿把事做绝，改为"公开审判"，于 8 月 2 日组织了所谓的"军法会审"。万毅慷慨陈词，对罗织的罪名逐一驳斥，法官无言以对。

于学忠总部的政务处长郭维城在"西安事变"时任张学良的秘书。6 月间曾探望过万毅。8 月 2 日"军法会审"当晚，郭维城又到了监禁处，向万毅透露了一个重大计划。

郭维城告诉万毅：常师长的病已宣布不治，生命维持不了

原属东北军 57 军的地下党员刘杰（右）和进步军官孙立基（左）、于文清（中）1961 年相聚合影

几天。他给我写了个东西，去世后要把队伍交给我。我抓到队伍后，要实行张汉卿公的《八大主张》。得手后，将派手枪兵来接你出去，你帮我掌握部队。郭维城还问万毅 111 师有哪些人可靠等，万毅尽力做了简要回答。

郭维城走后，万毅觉得事关重大，他判断常、郭不易得手，需告知八路军方面早做准备。于是当夜冒险越狱，摸黑走了几十里路，到达八路军山东纵队 2 旅 6 团 3 营驻地。部队派 4 个骑兵护送他到旅部，受到了孙继先旅长等热情接待。

　　山东分局闻讯，立即派谷牧赶去迎接。谷牧先派骑兵到 2 旅接到万毅，自己赶到三界首等候。两人相见，分外激动。万毅急迫告知事由，让他赶快报告上级，111 师要出事了。听了这番话，谷牧说："万毅同志，你就在这里休息吧，不要接着去分局了，如果到了那里，这个那个都来看你，你就无法休息了。你现在最重要的是休息好。你谈的情况我回去后马上向分局汇报。"谷牧要万毅及时休息的决定含有这样一个判断：开始行动的 111 师将非常需要万毅。

　　果然，常恩多、郭维城提前开始行动。

　　1942 年 8 月 3 日，郭维城赶到 111 师，向躺在病榻上的常恩多师长讲了万毅已越狱及于学忠追查他看望万毅的事情。常恩多沉吟片刻，果断地说："那么现在就干了，不用等我死了。"马上通知团长以上干部来聆听讲话。

　　常师长立即抓捕了陶景奎等几个顽固派军

关靖寰，1954 年任吉林省军区副司令员兼参谋长

官，令各团团长一切行动听郭处长的，并留下 662 团团长孙立基协助指挥部队。同时宣告 111 师改称"东北挺进军"，并公告四大主张。8 月 3 日晚 11 时，常恩多、郭维城举义起事，666 团团长关靖寰派两个营从西面包围战区总部并缴了总部特务营等的武装。黎明时分，于学忠总部和地主武装被缴械。

由于起事仓促，111 师出现混乱，大部分部队被拉走，665 团团长张绍骞被预先埋伏的特务用机枪扫射身亡，两个营叛逃。关押顽固派军官的工兵营哗变，战区总司令于学忠化装成老农民逃离看押。被哗变者释放的顽固派军官刘宗颜、陶景奎等立即集结所有叛逃部队向 111 师反扑。常恩多、郭维城下令部队向抗日根据地开进。

在 8 月 5 日山东分局的会上，决定让万毅和原 111 师工委领导王振乾等向 111 师驻地靠近，见机行事给予协

1955 年郭维城获授少将军衔

刘杰摄于抗战后期

后来任 38 军 113 师师长的
江潮将军在抗美援朝第二战役
中率部大纵深穿插到敌后方，
阻断敌主力退路，建立了奇功

助。谷牧在回忆录中提到，特别安排刘杰部管松涛、江潮带了
两个连前往接应。8 月 8 日下午，111 师抗日进步官兵 2000 多
人携带步枪 1200 余支、轻重机枪 60 挺、火炮两门及电台、马
匹等，到达抗日根据地莒南县，接受山东分局和八路军统一指
挥。8 月 9 日，常师长病重不治逝世。

举义部队恢复 111 师旧番号，后又称新 111 师，万毅代师
长，郭维城任副师长兼政治主任。常恩多师长的追悼大会于
1943 年 1 月 27 日举行，罗荣桓等领导同志都参加吊唁，赠送

部分在东北军工作过的老同志与东北军党史组成员合影。前排右起：杨西光、杨拯民、吕正操、李觉、郭维城、解方、刘鼎、冯文彬、宋黎、高锦明、谷牧、万毅；二排右起：王秦、李欣、（第5名）张化东、于维哲、康博缨、王西萍、（第11名）苗勃然；三排右四廖盖隆；四排右四孙达生

花圈、挽联。谷牧的挽词是："坚持抗战，力主团结，谋猷端赖老成，孰意国事劬劳，伤及良将；克服困危，准备反攻，努力仍须吾辈，再念责任艰巨，痛失干城。"

1944年10月，万毅领导的新111师改编为八路军山东军区滨海支队。而刘杰、江潮等领导的57军独立旅改编为海陵独立团。苏军出兵东北后，接朱总司令命令，万毅率部挺进东北。这两支部队均实现了打回老家去的愿望，成为万毅领导的东北人民自治军（后又称东北民主联军）一纵的主力。后成为解放军 38 军的 114 师和 38 军的 113 师 339 团，并在抗美援朝战场上建立了奇功。

十二、血洒大青山

    1940 年 9 月，谷牧处理完 112 师共产党员和进步力量的"九二二"撤离之后，身份便从地下转为地上，调到中共山东分局，起初任山东军分委秘书主任兼分局统战部长和 115 师统

大青山胜利突围纪念碑

在大青山突围中牺牲的谷牧、牟锋亲密战友陈明、辛锐生前合影（转引自张西《抗战女性档案》）。谷牧负伤后，战工会（省政府）秘书长陈明接替谷牧指挥机关突围转移，壮烈牺牲。陈明夫人辛锐在突围时拉响手榴弹与数名敌人同归于尽。她是牟锋所在姊妹剧团的团长

战部长，后来又兼了分局的秘书长。谷牧在分局机关参与政务管理，掌管机要，起草文件，联络上下情况通达，主编分局内部刊物《山东工作》，还要料理机关人员的生活，特别是和膳食科的同志共同努力，让大家能吃饱饭。

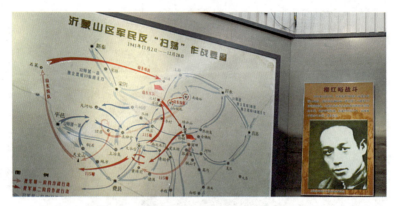

陈列在临沂华东烈士陵园展厅的沂蒙山区军民反"扫荡"作战要图。右侧展板谷牧相片上方是关于柳红峪战斗的说明文字

当时，中共山东分局与省战工会（相当于省政府）驻地相邻，行军转移也经常在一起。省战工会的机关由陈明领导，他是1925年入党的老同志，在理论和文学艺术方面都有很好的修养。谷牧对其非常敬重。而他的夫人济南才女辛锐又是牟锋所在姊妹剧团的团长。两对革命夫妇之间感情深厚。

1941年11月初，日本驻华派遣军总司令官田俊六亲自坐镇临沂，调集日军4个师团、3个混合旅团及汉奸武装共5万余人，分11路向八路军115师主力和山东分局机关驻地沂南县南部的留田扑来。

11月5日，罗荣桓决定突围转移。部队按其指示，向敌军指挥部所在地临沂方向直插，走出一招险棋。凭着对地形的熟悉，部队急行军于寂静无声的夜幕中，几乎与敌人迎面擦肩而过，于拂晓安全到达预定地点。

谷牧 2005 年 5 月重访临沂时凭吊战友陈明、辛锐。据陵园负责人介绍:"陈明、辛锐烈士之墓"这几个字是谷牧的手迹。当时华东局有个别领导对此陵墓的规模有异议(认为陈明、辛锐的级别不够),并认为夫妻合葬形式不合适。陵园等了一段时间,待人们淡忘了这些议论后,才把这几个字刻上去,并隐去了题写者谷牧的名字

安放在大青山胜利突围纪念广场的希伯雕像

　　当时在分局机关行军队伍中，还有一位德国记者——优秀的国际共产主义战士汉斯·希伯同志。他从新四军转到山东来已经一个多月，采访了朱瑞、罗荣桓、黎玉等党政军领导和115师部队。这次转移罗荣桓指派谷牧负责安排希伯。

　　突围成功后，希伯非常兴奋地说："这一夜是我一生中最难忘的夜晚，比起在西方参加任何一次最愉快的晚会都更有意义，更值得留念。"他立刻写了一篇通讯《无声的战斗》，刊登在《战士报》第一版上，起到了很大的激励和鼓舞士气的作用。

　　从留田突出包围圈后，机关和部队在蒙山一带与敌人"转圈"推磨"。11 月 27 日凌晨，经过一夜急行军，谷牧带着机关转移到了沂南县双后崖子乡西梭庄。刚准备休息，敌人突然包围了上来。

谷牧奉命指挥阻击敌人，先掩护机关撤退。他把警卫队伍集合起来，抢占有利地形，阻击敌人。这次掩护机关突围后来被称为柳红峪战斗。日军猛扑过来，警卫部队眼见得一批批倒下。警卫连长报告谷牧说：阻击敌人掩护撤退的任务已完成，上级要两面夹击敌人的设想看来不现实，而且机关转移的方向是否安全也没有把握，你还是追上部队指挥机关转移！警卫连长示意几名警卫战士架起谷牧往机关转移方向撤退，自己带着一些战士向阵地另一侧插去，意图诱敌掩护。

但为时已晚，敌人不但发现警卫连长，也发现了谷牧这几个人。顷刻间，密集的弹雨倾泻而来。谷牧忽然感觉被拦腰打了一棒，跌倒在地，他站起来继续跑了一小段路，觉得四肢无力，低头一看，上衣胸部已被血浸透，这才知道自己中弹，旋即晕倒。

谷牧被担架抬着追上了队伍。医生检查后说，子弹穿过肺部后在肋骨上滑了一下，贯穿而出，虽然流血不少，伤势很重，所幸未伤及心脏。

第三天，负伤的谷牧随队在向大青山转移途中又遇到敌人合围，紧急转移中，战斗力差的机关反而钻进了敌人布置的"口袋"，战斗打得残酷、激烈。为了不拖累部队，谷牧命令警

华东烈士陵园展馆内陈列的领导题词。右四为谷牧书写的"我想念着沂蒙山区",表达了他铭心刻骨之情

卫员和抬担架的几个战士把自己隐蔽在高粱秸垛里。

激战结束,已是夜间,谷牧的伤口剧烈疼痛,他觉得自己活不成了,不能拖累这几个战士。就让战士们离开他去找部队,战士们不从,谷牧发火命令他们走开:"就凭你们几个在这里谁也保护不了我,还是听我的话,赶快找部队。"战士们走了,警卫员还是不动,谷牧说:"这是命令,一个不留,必须服从。"

独自躺在高粱秸垛里的谷牧昏迷了很久,半夜醒来,发现自己还活着,便挣扎着爬到了石门村村头的一家老乡门前,又昏了过去。一个老汉把他唤醒,给他舀了一碗高粱米粥。此

　　1942年8月2日，滨海根据地赣榆县马鞍山（今抗日山）抗日烈士纪念塔落成时，山东部分党政领导在落成典礼后合影。后排左三起：罗荣桓、黎玉、陈光、肖华，第三排左二为谷牧

前，军医不知他的肠腹是否受伤，曾嘱咐他不要吃东西，但此时谷牧饿了三天，已顾不上这个，胡乱咽下。老汉又把他藏到村头不远的一个高粱秸垛里，隐藏了起来。

后来，分局派陈琳瑚（谷牧同乡，也是东北军学兵队战友）到处打听，终于找到了谷牧。此时，谷牧的伤口严重感染，脓血淋漓，军医给做了简易医治。由于分局机关还在不断转移，上级决定把谷牧安排到敌占区一个"堡垒户"家里养伤。过了半个月，在房东大娘和护理员的精心照顾下能拄着拐杖走路了，他便执意要归队。护理员拗不过他，就联系抗日政府派了两个人抬担架送他。

走了两天，摸回机关驻地，迎面见到几个炊事员。他们一下子都愣住了，过了片刻才热情地围拢过来嘘寒问暖，因为大家以为谷牧已经牺牲了。当谷牧知道自己负伤后，接替他指挥三个机关转移和突围的陈明以及辛锐、刘子超、甄磊等一批老战友，特别是罗荣桓要他照顾好的希伯均已牺牲，他悲痛欲绝……

临沂华东烈士陵园陈列着一些党和国家领导人的题词。谷牧写得非常直白："我想念着沂蒙山区"。那是他的真情流露。因为在沂蒙山区留有他英勇抗敌洒下的鲜血；留有他一批亲密战友的英灵，更有千千万万真心实意拥护八路军、拥护共产党的人民群众。

十三、见证刘少奇高屋建瓴指导山东工作

1942 年 4 月 10 日，刘少奇来到滨海，前往延安参加党的七大准备工作，顺便代表中央检查山东抗日根据地的工作，先住临沭县朱樊村，后又住赣榆县大树村。分局指派谷牧接待陪同。

这时的少奇同志形象瘦弱、清癯，讲话时不断地咳嗽。谷牧劝他先事休息几天。少奇同志说："现在的形势和工作情况，能是休息的时候吗？"他马不停蹄地投入紧张的工作。

经过初步调查研究，少奇同志对山东根据地减租减息工作开展不力很有看法。他认为，从深入开展减租减

少奇同志在滨海的历史照片

063

原滨海根据地赣榆（现属江苏连云港市）大树村刘少奇居住过的地方已辟为纪念室

息、改善雇工待遇的政策入手，能把基本群众充分发动起来，实行全民抗战。

　　谷牧及时把陪同刘少奇的调研情况向山东分局作了汇报，山东分局领导同志认真学习了少奇同志的指示，认清了党的减租减息政策与抗日群众运动的重要关系，提高了做好减租减息运动的自觉性和迫切性。4月25日，山东分局在临沭县蛟龙湾召开扩大的干部会议，通过了《关于减租减息改善雇工待遇开展群众运动的决定》。山东分局还确定临沭、莒南两县为"双减"实施中心县，并从党政军领导机关和抗大一分校抽调干部

200 余人，组成两个工作团，分赴临沭和莒南，进行"双减"增资运动试点。

"双减"运动开展过程中，谷牧经常陪同刘少奇深入到临沭县大兴、东盘、夏庄、蛟龙等地的农村，进行具体调研和指导。在调研过程中，尤其是在帮助驻大兴的工作团调研时，谷牧根据临沭当地的实际情况，畅所欲言地提出了自己关于开

1944 年，谷牧与妻儿在一起，牟锋怀抱着的是长子刘念远

展"双减"工作一些建设性意见，得到了少奇同志的赞同。于是驻临沭县"双减"工作团决定采取重点突破的方法，以大兴区盐店官庄、大兴村、王宅子、北辰村为中心，带动周围村庄"双减"工作的开展。刚开始，群众对"双减"有顾虑，怕与地主结了仇。谷牧敏锐地察觉到了这一点，他和工作团团长袁成隆非常细致地安排在贫佃雇农中走访串联，向群众讲明减租减息运动是人民政府的中心工作，有人民的政府在，地主恶霸翻不了天。工作团趁热打铁，于7月3日（农历5月20日）在大兴区盐店官庄召开追悼大会，悼念1938年被国民党郯城县长梁钟亭杀害的死难群众。山东分局、滨海地委、临沭县委等各级领导机关派人到会，大兴区44个村庄3000余群众参加了大会。县长刘白涛讲了话。当场处决了3名破坏"双减"工作的杀人凶手，并宣布加强自卫团来保卫"双减"成果。接着，大兴区还举行了有2700余名民兵参加的声势浩大的自卫团大检阅，教二旅向大会赠送了3支步枪、30多枚手榴弹。这两次大会影响很大，打垮了封建势力的嚣张气焰，群众热情高涨，"双减"增资运动如火如荼地开展起来。山东分局书记朱瑞听了工作团的汇报后，充分肯定了大兴区的"双减"工作。1942年6月底，山东分局和滨海地委在临沭县东盘村召开干部大会，进一步布置"双减"工作。会上，重点介绍了大兴"双减"试点的经验。

减租减息运动的深入开展，普遍地改善了人民生活；发展

在山东抗日根据地的罗荣桓、林月琴夫妇

壮大了群众组织，树立了基本群众优势；促进了党的建设、政权建设、干部建设和军队建设。

少奇同志还严肃批评了山东统一战线工作中一些右的错误。当时为了纪念"山东国民抗敌自卫军"成立一周年，谷牧受命准备到会讲话，他请示少奇同志。不料刘少奇几次发火，他的态度令谷牧困惑。后来才知道，少奇同志反对办这件事情。山东分局把愿意抗日的国民党人士、社会名流和开明绅士组织的"山东国民党抗敌同志协会"（简称"抗协"）采取团结的政策，这是正确的。但这些人并非国民党的军人，也没有武装力量，把他们组织成"第三势力"的部队，造成工作上的许多麻烦，是右倾的表现。少奇同志亲自处理了这一问题。

在山东期间，刘少奇还指导山东分局作出《抗战四年来山东我党工作总结与今后任务的决议》，又先后作了《关于山东工作》《群众运动问题》《中国革命的战略与策略》《党内斗争问题》《思想方法问题》《关于财政粮食问题》等重要报告。刘少奇针对湖西肃托扩大化的现象指出，凡是搞错的要马上平反，错杀的追认为烈士，家属给以抚恤，在押的立即释放，自行离队的要找回来安排工作。

7月下旬，少奇同志在离开滨海前，在干部会上说："山东的工作，现在到了关键时刻。如果还是按照以前的路子走下去，再过两年，我就送你们一块匾，上书6个大字：右倾机会主义。山东的对敌斗争形势这么紧张，不把主要精力放在抓党的建设、根据地建设和对敌斗争上，而是热衷于去搞'一切服从统一战线'，非栽大跟头不可。"

1943 年，朱瑞调回延安，罗荣桓任山东分局书记，全面主持山东党政军工作。他坚决贯彻少奇同志反右倾的指示，同时也很注意防止"左"的倾向。例如，在开展整风运动时，就经过抓试之后向中央写报告提出："在敌后环境下不搞'抢救'。"得到批准。谷牧在回忆录中谈到罗领导的整风"既在

朱瑞同志调回延安后，山东党的工作、军队的工作（包括 115 师和山东军区）统一归罗荣桓同志领导。确立这种统一领导的军事工作会议旧址（日照碑廓）已被辟为纪念馆，馆名由迟浩田题写。这处院落及罗荣桓、肖华等领导的居处均由牟锋牟氏家族的亲属提供。在日本人和汉奸的眼里，这家是"八路窝"（曾进行过轰炸，肖华因为在过道中纳凉而幸免于难，而家族一位长辈牺牲了）。当这家的孩子纷纷参加革命后，这里更成为地道的"八路窝"了

　　罗荣桓、肖华住日照碑廊时，房东的六个女儿均被谷牧、牟锋带出来相继参加了革命。这是牟氏六姐妹中的五位 1973 年在上海的合影：右起四姐牟敦河、五姐牟敦秀、大姐牟燕于、小妹牟敦立、二姐牟坚（牟敦英）

政治思想上提高了干部的水平，又从组织上增强了革命团结，成绩很大，基本没有后遗症"。在跟随罗荣桓的日子里，谷牧学到了很多东西，他深有感触地说："罗荣桓同志坚持一切从实际出发，实事求是的思想作风，使我经常引为学习的榜样。"

十四、在战斗中迎来抗战胜利

抗日战争的最后一年，谷牧是在滨海二地委书记兼军分区政委任上度过的。滨海二地委位于滨海区的南部，又称滨南

1944年，谷牧主动要求到基层工作，1944年10月，上级分配他到鲁南区党委任副书记，后改任滨海二地委书记兼军分区政委。这是他在滨海沭河边上与周云同志合影。拍照后还不到半年，周云同志就牺牲了

1945 年抗战胜利时的谷牧

地委。

1944 年 10 月，谷牧到任不久，按照上级的部署，军分区首先集中进行部队大练兵。11 月中旬，开展反"蚕食"斗争，首战得手，连克林山铺、夹仓、仲宫三个日伪据点。接着，又会同主力部队，一举攻占莒县县城，争取莒县伪保安大队长莫正民率 3000 多人起义，抓获投靠日寇反动会道门武装万仙会首领恶霸地主于经武。1945 年 5 月，日军又对山东抗日根据地发动了大"扫荡"，集中向胶东、鲁中、滨海猖狂进犯。日军投入的兵力有 10 万人，还动用了飞机、兵舰，陆海空一起来，气焰十分嚣张，一度从海上向根据地推进了 40 华里。八路军主力部队和地方部队英勇应战，机动灵活地打击敌人。广大民兵配合部队寻机杀敌。在人民群众的支持下，反"扫荡"又一次取得了胜利。仅滨海区从 1945 年初打到 5 月底，就攻克日伪大小据点 140 余处、歼敌 5000 余人（包括击毙一名日寇旅团长）。

反"扫荡"期间，谷牧在行军途中，经常带着滨南仅有的一台五灯收音机收听广播，了解世界和国内战局。好消息不断传来：美日在太平洋激战、苏联红军攻克柏林、德国法西斯投降……大家受到很大鼓舞，预计日本法西斯彻底完蛋的日子也不会远了。

8月5日，谷牧在二地委和军分区召开的党政军干部大会上作动员报告，强调："日伪军队不甘心于他们'五月扫荡'

滨南地区所辖临沭县曹庄镇马庄村民兵马邦才（1926—1988），因战功卓著，1944 年被滨海军区命名为"爆炸英雄"，被山东军区授予"民兵英雄"荣誉称号

的失败，还会作垂死挣扎，以后的斗争会更加残酷，'扫荡'和反'扫荡'的规模将更大。全体军民，一定要发扬不怕牺牲、决战决胜的精神，粉碎敌人的更大规模的'扫荡'，争取更大的胜利！"

　　形势的发展超出了人们的预料。8月15日，日本天皇被迫宣布无条件投降。消息传来，一片欢腾，人们悬灯结彩、舞龙舞狮开庆祝会。不过有几位同志想起了8月5日谷牧的讲话，便打趣地问：

　　"谷政委，下一次反'扫荡'什么时候进行？"

　　谷牧回答："我承认犯了一次估计形势的错误。但这个错误没有给我们的工作带来任何不利的影响。"

　　"你说得对！希望你以后再犯几次这种错误。"

　　大家都放声大笑起来。

十五、单刀赴会郝鹏举

　　1945 年 9 月 19 日，罗荣桓率山东主力 6 万多人从海陆两路驰赴东北。在这之前，吕正操部、万毅部、张学思部已向东北挺进。谷牧坐不住了，他向罗荣桓表达了希望一起去东北的愿望。

　　罗荣桓说：曾经想过带你一起去东北，但考虑到山东地区今后的斗争任务将更加艰巨，需要留下一些骨干，你在山东工作多年，熟悉地方上的情况，所以才决定把你留下来。

　　1946 年 4 月，谷牧被任命为华东局秘书长。他在华东局机关里一有适当机会就会谈山东根据地经济工作的经验，例如北海银行的创办

1946 年 4 月，谷牧任华东局秘书长

解放战争初期谷牧的老警卫员李美林的近照。谷牧单刀赴会的故事，就是由其口述，其子李帅整理提供给"谷牧同志滨海革命根据地斗争史和改革开放思想研讨会"的（连云港 2010）

是请（从日占青岛逃回家乡避难的）中鲁银行经理张雨田召集旧部参与创办的。这在一些受"左"的思想束缚的同志看来简直不可思议。

谷牧热衷于谈山东的经验，让曾在新四军主管地方政权建设和经济工作的个别领导有点尴尬。谷牧是受罗政委之托，希望山东根据地经济工作的好经验继续得到推广。但他的"操之过急"显得有些"不合时宜"。在华东局的领导中，谷牧最敬重快言快语、襟怀坦荡的陈毅同志。

6月中旬，谷牧向陈毅要求重回滨海，担负比机关更艰苦的斗争任务。陈毅问他："秘书长职务谁来接替？"谷牧说："已同魏文伯同志（民运部长）说好了，他表示可以兼任。"陈毅大笑说："你是早有准备噢！好吧！我们可以研究一下。"7月，谷牧担任了华东局直属滨海地委书记兼军分区政委。

1947 年 1 月，华东野战军主力取得鲁南大捷，国民党军随即又集结 30 万兵力从南、北两路向沂蒙根据地压过来。危急时刻，发生了郝鹏举叛变事件。

谷牧称郝鹏举为"无耻的变色龙"。他曾任伪淮海省长，日本投降后，先委身于国民党，嫌给的官小，又于 1946 年 1 月率部投了新四军。谷牧到滨海上任后，陈毅让他负责与郝的联系。郝鹏举看形势对共产党不利，又跟国民党军徐州总部暗度陈仓。

曾负责给郝鹏举部提供后勤保障的李国栋前辈，在山东淄博市干休所家中接受连云港原革命纪念馆张亚平馆长采访时说：我们在谷牧书记、刘白涛专员领导下，原则问题对郝鹏举决不让步。有一次他一位反动本性不改的部下无理扣押了我，我坚决找郝鹏举去讲理，他自知理亏，竟把那个军官毙了。我又要求他出布告……

1947 年 1 月初，为了摸清郝鹏举的底细，谷牧应郝鹏举之邀单刀赴会。走前留下话说："如果我今天回不来，那郝鹏举一定是叛变了，你们就报告陈老总，消灭他。"

谷牧带着李美林等三名警卫员前去竹庭（赣榆）县徐班庄郝鹏举的司令部，一进庄就感到了一股肃杀之气。郝鹏举用火锅招待谷牧，上了刺刀的卫兵站在两边，警卫员就站在首长身后，机头张着，心紧张得提到了嗓子眼。

煮开的火锅咕噜咕噜响，屋里雾气腾腾，飘着一股辛辣味。大洋狗窜来窜去，张着大嘴耷拉着舌头在谷牧身上嗅来嗅去，李美林一脚给踹边上去了。它正要扑向李美林，谷牧顺手夹了块羊肉扔过去，说："这个东西没个饱，谁给他吃的就跟谁走。"谷牧的言谈有气势，轻松中透露着威严，郝鹏举赶紧叫卫兵把狗牵走。

谷牧对他开宗明义：陈老总曾与你约好"来去自由"，你是敲着洋鼓吹着洋号、轰轰烈烈来滨海的；如果要走，也该磊磊落落。劝其把目光放远一些为好。

这顿饭终于安稳地吃完，郝鹏举又陪谷牧在池塘边散步。警卫员和郝的卫兵都不远不近地跟着，郝的卫兵背着大刀，端着刺刀，一晃一晃的，像押解犯人一样透着杀气。谷牧还会见了派往郝部的朱克靖政委等，他说："留人难留心，郝鹏举是要走了，他逃不出我滨海，陈老总也不会同意，你们要注意安全，随时应对突发事件。"

1947年1月26日夜，郝鹏举叛变。陈毅收到谷牧的电报，立即派华野二纵会合滨海军分区第一团，全歼其军部和两个师，一举将郝鹏举生擒。

十六、制止土改中的乱斗、乱打、乱杀

1946 年 5 月 4 日，党中央发出了《中共中央关于土地问题的指示》，即著名的《五四指示》。7 月，谷牧到滨海后立即布置贯彻。有 1942 年协助刘少奇同志在临沭抓减租减息的经历，谷牧自信、沉稳地步步推进。按照滨海各县的不同情况确定：经过"查减"斗争，基本上完成土地分配任务的老区，以生产为中心结合解决遗留问题；新解放的地区要集中力量发动群众进行土地改革；敌我交错的边沿区，要"一手拿枪，一手拿算盘"，在武装斗争中解决土地问题。到 10 月底，全区有 84% 的村完成了土改，5.26 多万贫苦农户分得了近 42 万亩土地。翻身农民欢天喜地，掀起"反蒋保田"热潮，1.6 万名农村青年参军入伍。

但是，由于时间短、工作急，对封建势力打击不彻底，斗争果实分配也不尽合理。有的地方地主阶级的"还乡团"疯狂反扑，不少恶霸地主阴谋"变天"，夺回地契，反攻倒算，甚至杀害土改积极分子和村干部。1947 年初，土改转入复查阶段。华东局的"二·二一指示"，在肯定山东土改和复查已获得很大成绩的同时，把过去土改中的某些缺点夸大为"富农路线的倾向"。不久又在"七·七指示"中提出："在土改中一切清算调查、分配复查、调整或重分，均须先经过贫农小组讨论，再经过农会讨论通过，即可实行，不须再经任何机关核准"；"必须在土改过程中改造党，改造干部，改造作风，改造党的其他组织"。这使在上半年土改复查中已经发展起来的"左"倾错误，变得更加严重，各地普遍发生了放弃党的领导，一切权力归农会，一切由贫雇农做主，以及乱打、乱杀、乱扫地出门的混乱现象。这从另一方面挫伤了群众的积极性。

7月下旬的一天，谷牧化装进入莒南县朱梅村进行调研，发现当场被打死的地主罪不当杀，究其原因是少数村干部和积极分子怕"变天""留后患"。谷牧认为这是群众发动不充分、政策交代不清楚、工作不深入细致的表现。如此继续下去将脱离大多数群众，陷贫雇农于孤立境地。谷牧回来后，地委火速通知各县、区立即制止这种行为。8月，明确指出"农民当家不能放弃党的领导"，提出要防止和纠正"对地主不分大小，也不分一般地主与恶霸地主，一律扫地出门的办法"。9月，对公审地主恶霸的办法做了严格规定。10月，要求彻底纠正少数村干部随意处死地主的错误。12月，把处决人命权由县收到地区，郑重提出"错杀人者要偿命"。经过一番努力，滨海土改中冒出来的问题被及时纠正。

十七、陈毅专程点将抓支前

　　解放战争期间，地方工作千头万绪都落实到支援前线上，一切为了前线，一切为了胜利。

　　1947 年初，陈毅赴前方指挥鲁南战役路过滨海时，专门给谷牧布置任务。他说："山东的仗越打越大了，后方的支前

华东野战军司令员陈毅、副司令员粟裕

谷牧（左四）1946年3月与战友们在滨海大店合影。大店曾是八路军115师司令部驻地。这批人是谷牧解放战争时期的战友，左三为刘白涛（当时滨海的副专员，后成为专员）、右二为郑子久（曾任中共日照、海陵县委书记，海陵独立团政委，滨海地委书记）

1946年7月，
谷牧与苏羽合影

 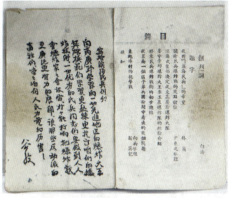

滨海解放区出版的刊物《滨海民兵》创刊号

《滨海民兵》创刊号中谷牧的题词和目录

谷牧担任华东局滨海直属地委书记时在莒南三界首村的住处

一九四七年，六月下旬，滨海军分区全体领导同志临别那时合摄。返来次从他们地胜利了向鲁南进军了。

1947 年，谷牧与傅秋涛、李乐平、张光中、赵昭、谢辉等同志合影。右侧是谷牧晚年整理照片时写的字

工作必须跟上，做到要兵有兵，要粮有粮，要民夫有民夫，要担架有担架。这个任务，首先要由滨海地区负责。因为鲁中、鲁南地区经过长期的战争破坏，再出更多的人力、物力支援前线确实有困难。"谷牧表示："坚决按陈老总指示办！"陈老总半开玩笑地说："军中无戏言。前方的仗打不好，杀我陈毅的脑壳。支前方面出了问题，杀你谷牧的脑壳。"谷牧笑着答道："陈老总放心，我们一定做好工作，完成任务就是了。"

地委按照陈老总指示，成立了滨海地区支前委员会，后

改为支前司令部，专员谢辉任司令员，地委副书记孙汉卿任政委，下设组织、物资、运输、宣传教育等部门，还组建了地区直属的军粮运输队，下有4个支队，动员民工2万多人，小车1.7万多辆，挑子1600多副。各县、区都有相应的支前指挥部。建立"常备民工制"，按营、连、排、班组成民工总队，配备担架、小车、扁担等，可以随时成建制地调用。

——1946年底至1947年3月，滨海地区为支援宿北战役、鲁中战役、莱芜战役，先后动员了民工53.3万余人次，运送粮食2800万斤，制作锅饼、煎饼140万斤，群众捐献咸菜、咸鱼、粉条、花生、黄豆4.66万斤。

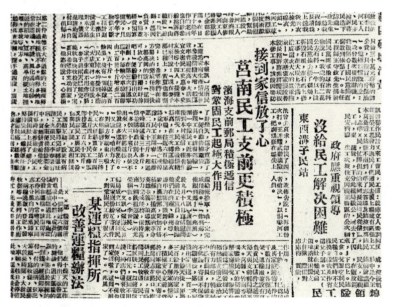

1948年11月6日，《大众日报》关于滨海支前工作的报道

  ——在支援孟良崮战役中，滨海地区动员民工约 10 万随军执行战勤任务。

  ——在淮海战役期间，滨海出动民工 57 万多人，加工粮食 3700 多万斤，运粮 3500 万斤，做军鞋 60 多万双，缝面袋20 多万条，抢修道路 1800 多里，抢修桥梁 194 座。

  三年解放战争是一场靠人民倾尽全力支援前线才打胜了的战争，因为它也是人民求得自身解放的战争。

十八、一幅珍藏了 66 年毛主席像背后的故事

1948 年 11 月 6 日，淮海战役打响。这天拂晓，驻守海州地区的国民党 44 师弃守西撤。山东滨海解放区的部队和江苏淮海解放区的部队向残敌发起进攻。

国民党 44 师的师长杨步仁，是个作恶多端的汉奸败类。他原名王宏鸣，曾是八路军一个团级干部，是 1939 年湖西肃反扩大化的罪魁祸首，杀害了 300 余名苏鲁豫机关干部。自知罪责难逃，他 1941 年 8 月从滨海区叛逃投日，在新浦当上了日本别动队司令，改名杨步仁，对我部队和根据地造成很大破坏。抗战胜利后，杨步仁又投到国民党。1947 年春，以少将的身份窜来海州、东海、赣榆一带，网罗旧部、招降纳叛。滨海军分区部队于 1947 年 10 月 12 日对杨步仁发动攻势，攻克下口、王东沙、丁庄子三处据点，歼灭杨部之第一大队。至 1948 年，杨步仁调任国民党第九绥靖区李延年部，继而任 44 师师长驻守海州地区。他肆意蛊惑人心，往往"现身说法"丑化共产党，进行了许多欺骗宣传。这次在率 44 师西撤时，就软硬兼施地裹挟走了东海师范等学校的大批师生，还留下不少

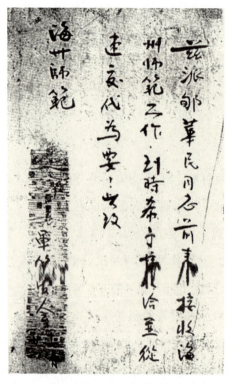

谷牧亲笔开具的接管学校的介绍信

敌特人员从事破坏活动。

杨部西撤的 6 日当天下午，新浦、连云等地便发生抢劫风潮。因敌特混入其中煽风点火，抢劫的人迅速发展到成百上千。抢劫对象自军政机关和公共仓库，继而扩展到街道商店、货栈民居。在这场空前抢劫捣毁大混乱中，省立东海师范未能幸免。

11 月 7 日，解放军控制了新（浦）海（州）连（云港）全境，谷牧奉命准备接管新海连，他在搭班子的时候特意要滨海地区刘白涛专员急召设在赣榆的滨海中学郁华民校长前来报到，两人畅谈了半宿。11 月 8 日谷牧前往新海连履职，郁华民就随队与他同车前往。谷牧了解郁华民是大革命时期的老党员，又是东海师范毕业生，给他的任务就是接管东海师范并尽快复课。谷牧到新浦上任后（当时新海连军管会机关在新浦东亚旅社），又安排两个人配合郁华民工作，一位是杨竹铭，海州人，原滨海中学教师，时任新海连特区之海州区副区长；另一位是张季平，沭阳人，是郁华民的校友，时任新海连特区军管会文教组织的负责人。

郁华民、杨竹铭、张季平到了东海师范，目睹学校遭到的毁灭性的破坏，深感震惊：教室、办公室的门窗全部被卸走，室内的桌椅板凳、箱柜物品荡然无存，比断壁残垣更揪心的是师生的散去。郁华民三人愁云惨雾想了一夜，第二天即向谷牧汇报重建方案：一是修复校舍（暂时在孔庙上课），找回校产；二是登门延请学校原来教师返校复教；三是多渠道召集学生回校复学，若生源不够，将别校的高中生直接并入本校；四是请

新海连特委、军管会办公地——东亚旅社

1948 年底任新海连特委书记兼警备区政委时的谷牧

地委文教处委派几名滨海中学的中层骨干来东海师范；五是尽快招收新生入学。

11 月 9 日，新海连特区军管会对外正式宣告成立；11 月 12 日向全市各学校发出复学号召；14 日宣布郇华民接管东海师范。

谷牧对新海连当地的情况有充分的调研、思考。他在回忆录中，详尽谈了进驻新海连面临的各种问题，以及采取的果断措施：剿匪维护社会治安，恢复陆路、水路、铁路交通，恢复工矿企业的生产、供水供电、金融财政、农民的土地分配和农业生产、救济救灾、支前等等，他作为军管会主任日以继夜地运筹、操劳。他对干部们说，接管新海连，这不仅是我们党，也是每个人的一个全新的起点。为了站在这个新起点上，我们牺牲了多少人。现在，我们要全面地去思考更远、更大、更重要的问题，而教育就是

1948 年，谷牧与母亲和长子在新浦合影

我们要思考的更重要的问题之一。

江苏省立东海师范（其源头为 1802 年的海州石室书院。1906 年科举废除后在此院址上创建了海州中学堂，后曾用江苏省立第十一中学、江苏大学区立东海中学兼办师范、苏北第二师范学校等校名）是新海连的最高学府，人才辈出：如实业救国功勋大臣沈云沛、教育家江问渔、董淮、朱智贤、刘百川、画家朱德群、彦涵、革命家陈伟达、惠浴宇等等。在谷牧看来，尽快复校，请教员放心回来，安心授课，看莘莘学子静心坐在课桌前读书，听到教室里书声琅琅，这情景不单是秩序问题，它是衡量我们共产党接收治理城市成败的一个重要标志。必须让东海师范带头竖起一面大旗！

郇华民三人工作组没有辜负谷牧的期望，他们立刻付诸行动：深入发动学生积极分子，一起联络已四散的同学尽快返校并寻找校产。动员东海县二中、乐德中学、连云国立二十一中学生来校上课。行署文教处很快从滨中派来了得力教干和一些进步学生。学校立即组建了由郇华民任组长的党小组。重建工作体系很快确立，并且全面展开。当郇华民把复校复学工作步履维艰现实情况向谷牧及时汇报时，谷牧指示：这是意料之中的事，不要灰心，更不能放弃；要继续更细致、更有针对性地说服，把思想工作做到青少年学生的心坎里。对海师西撤和南下的教员和学生，谷牧说，他们就像雨中飘萍，实际上已失去了对于自身命运的操控能力。唯一的希望是新生的母校在这个时候对他们伸出援手，帮其脱离人生困境。他强调说，做好这项工作，必须有部队协助，新海连特委可与部队联系，协助你们开展好工作。海师也要积极和南下部队政治部沟通联络。经过一番不懈的努力，一批批学生陆续回校。谷牧及时表扬了郇校长等的工作成绩后，又针对校内存在的一些惧怕共产党、心存疑虑尚有去意的学生，说不要刁难他们，给他们发路费、发路条，让学生自愿选择。果然，很多学生最终明辨是非，又回到了学校。

11 月下旬，东海师范复学的各项准备工作初步完成。11月 25 日，军管会决定新"海师"正式重新开学。这一天，谷牧把郇华民和张季平叫到办公室，肯定了他们的辛勤努力。他说："学校明天就要重新复学了，这是新海连教育界的一件大事，也是我们整个特区的一件大事。"谷牧为次日要去军区开重要的会议，不能亲贺海师的开学典礼、不能见海师的师生而遗憾，并表示以后一定要到学校看看老师和同学。而后，谷牧亲自书写郇华民任海师校长的委任状、介绍信。他还特别强调：我给你写明天正式上任的日子吧，也好留个纪念。然后盖上了"中国人民解放军华东鲁中南军区新海连军事管制委员会"的大印。接着，谷牧又把从山东带来的、曾在自己办公处长期悬挂的一幅毛主席像交给郇校长，并郑重嘱咐："往后我可要看你的了。"

那是一幅线条粗犷、纸面泛黄的碳铅素描版"毛泽东主席"像。这幅烙下那个时代印记的领袖像，是著名画家黎冰鸿先生[1] 于 1947 年在山东创作，由山东军区印刷出版发行的。

在那样特定的时代，如此高质量的、原创的毛主席画像非常宝贵。郇华民深知这背后那无尽的厚望与信任，一种神圣的

毛澤東主席

----

[1] 黎冰鸿，新中国成立后任浙江美院油画系主任、副教授、院长等职。

使命感油然而生。

东海师范正式复学十来天，学校就从临时校址孔庙搬回了自己的校舍。几天后，一辆吉普车在海师门前停下，身着灰土布军装的谷牧没有食言，前来看看师生们。郇校长让进步学生葛维珍、骆名淦等边当向导边解说。在教室前，谷书记看到学生正在上课，轻声道："我们离教室远点，小声点，不要惊动大家。"巡视到学校大礼堂时，他一眼就看到了他赠送的那张毛主席画像，久久凝视。郇校长说："首长，我把您赠送的毛主席像挂在学校礼堂，是让全校师生都能看到、感受到，这是一个全新时代的开始。我们要一直珍藏，世代传下去。"

十九、连续 3 个报告受到毛主席的高度评价

1948 年 12 月，新海连特区成立，下辖新海、连云港两个县级市和云台办事处，谷牧任特委书记兼警备区政委。

中国革命形势发生了巨大的变化。从农村包围城市到此时解放接管城市，这是一项前所未有的新事物，中央很强调及时总结经验。在新海连大半年内，谷牧亲自动手给上级党委写过四个报告。

在这些报告中，谷牧比较

1949 年 4 月，被称为蒋介石的"亲兵"的原国民党军伞兵第 3 团，经地下党争取，团长刘农畯率部起义，乘中字 102 号坦克登陆艇到连云港海域，用旗语亮明意图，派人上岸联络。谷牧安顿他们后，受华野指示负责接待这支部队。图为《大众日报》1949 年 7 月 20 日对该起义团的报道

　　1949 年 2 月 12 日，国民党海军"黄安"号军舰在青岛起义，于 13 日抵达连云港。黄安舰起义后，在解放一江山岛战斗中立下了汗马功劳；又与兄弟舰艇一起，击伤击沉了国民党大型驱逐舰"太平"号等舰船。人民海军成立后，被命名为"沈阳舰"。图为 2 月 14 日谷牧和新海连特委接见黄安舰起义官兵并合影

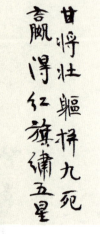

1950年夏季，谷牧在济南留影

新中国成立初期谷牧留影

谷牧手书：甘将壮躯拼九死，赢得红旗绣五星

原济南女子中学优秀学生谷牧夫人牟锋带着二儿子重返济南时与三妹牟乃荣（右一）合影

济南人民公审反革命分子

突出地强调了两条：一是进城后迅速组织复产、复业、复学，指出这是建立革命秩序、发动与组织群众的中心环节；二是对接收工作和接收后的管理工作必须实行集中统一的领导，对入城工作的干部，必须抓好学习，强调纪律。

谷牧在新海连总结的基本经验，为接收管理城市提供了宝贵的初始经验。

1949 年 11 月 18 日，谷牧紧急上任济南市委书记、不久又兼任济南市市长。上任后，谷牧坚决贯彻党的七届二中全会精神，进行工作重点的转移。在恢复生产、支援前线、平抑物价、加固黄河河堤等方面做了大量工作。但他在全国政界引起人们关注的首先是敢于碰硬——取缔了反动会道门"一贯道"（之后，北京等地跟着也取缔了），接着，他在镇反、"三反""五反"运动中起草的三个总结报告，均受到毛主席的高度肯定，并要求各地"仿行"，"必须研究济南同志的经验"。

济南历来是会道门的活动中心，组织数目不下 30 余种，其中"一贯道""一心天道龙华圣教会"都曾投靠日本侵略者，后又参加国民党特务机关中央调查统计局组织的"万善道德救国联合会"从事特务活动的全国性的组织，活动非常猖獗。

1950 年 4 月 5 日，谷牧亲自起草了关于镇反的报告，得到了毛泽东主席的高度评价。

1950 年 4 月 15 日凌晨 2 时许，谷牧刚入睡，机要秘书敲

1950 年，周恩来总理为谷牧颁发的任命书

响谷牧办公室里间寝室的房
门，报告说："好消息！毛主
席批示咱们市委的报告了。"

早晨，市公安局凌云局
长又带来公安部转的毛主席
4 月 13 日阅谷牧 4 月 5 日报
告的批示："下面是济南市委
关于镇反工作的报告，很好，
请各大中市委注意研究，照
此办理。"

谷牧与市公安局局长凌

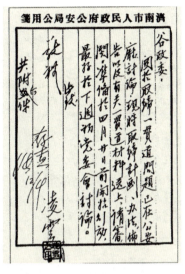

济南市公安局局长凌云给谷牧的信

毛泽东主席签发的谷牧任命书

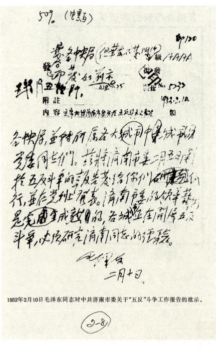

1952 年 2 月 10 日毛主席的批示

云研究决定，先拿"一贯道"开刀，向反动会道门发起进攻。1950 年 4 月 19 日晨，市公安局捕获济南"一贯道"道长及其他 9 名坛主或点传师，首恶无一漏网。查获大量国民党印发的《防共须知》《奸匪战法研究》、空白的国民党党员志愿书及登记表等，揭破其伪善、反动、丑恶的面目。取缔"一贯道"对社会稳定和人民安全意义重大，不久影响到全国。

1951 年，全党展开大规模的"三反"运动，即"反贪污、反浪费、反官僚主义"。1951 年 12 月 27 日，谷牧向省委并中央写了一份报告。他总结了深入开展"三反"运动的经验体会："一方面必须首长负责，层层带头，深入领导这一运动；另一方面必须使党的政策、决心与广大群众直接见面……而我们领导上只要慎重掌握，不轻信告密，不盲目追逼，采取坦白检举与调查研究相结合，惩办与教育相结合的方针，是不会造成任何混乱的。"

1952 年 1 月 6 日，中央传来毛主席对这份报告的批示。

各中央局、并转分局、省市区党委：

　　济南市委这个报告很好，请转各大城市参考，并在党刊上发表。

毛泽东

一月六日

　　1952 年 1 月，中央发出开展"五反"斗争的指示，即反对行贿、反对偷税漏税、反对盗骗国家财产、反对偷工减料和反对盗窃经济情报。

　　在"五反"斗争实践中，济南市摸索出了"劳资见面会"的形式。即在充分发动职工群众，深入进行政策教育，并基本掌握材料前提下，由工会出面组织劳资双方见面，这种方式行之有效。

　　谷牧把"劳资见

担任济南市委书记、市长时的谷牧

103

面会"方式进行了总结，上报省委和中央。事隔 5 天，又一次得到了毛主席的批示：

> 各中央局、并转各大中城市党委同志们：
>
> 兹将济南市委二月五日关于五反斗争的报告发给你们仿行，并在党刊上发表。济南市委的领导艺术是成熟的，各城市正在开展五反斗争，必须研究济南同志的经验。
>
> 毛泽东

2 月中旬，山东分局第二书记向明传达了中央政策研究室主任廖鲁言的电话："主席指定将济南作为中央的一个联络点。"接着，谷牧又接到廖鲁言直接打来的电话，要求将济南开展两项运动的情况直接向中央政策研究室及时汇报。于是，每晚向中央电话汇报成了济南市委的一项功课。

二十、不动声色地纠正"左"的偏向

　　谷牧是坐着铁路上手动的压道车星夜赶赴济南紧急上任的。济南原市委书记刘顺元突然"离职"而去，济南瞬间出现一把手的"职位空缺"。

　　刘顺元是原则性很强的"老革命"，1946 年在旅大工作时，曾与苏联驻军的违纪行为和大国沙文主义倾向做过斗争。斯大林对刘顺元的行为耿耿于怀，向来访的刘少奇同志施压。刘顺元有问题的小道消息开始弥散，有些人开始搜集材料寻隙攻击刘顺元。

　　时逢苏联代表团抵达济南访问，中央指示刘顺元暂不出席接待活动，一位心怀

1950 年，谷牧在济南市各界人民代表会议上致开幕词

1950 年 9 月 9 日，济南市人民政府全体委员合影。自左至右：前排为董琰、凌云、石磊光、谷牧、张东木、梁辑卿、吴鸣岗。中排为艾鲁川、綦基霖、马俊仁、徐眉生、咸铭、沈鹰。后排为黄沧溪、华子修、刘健飞

叵测的政工干部伺机向省委领导送上刘顺元的材料，无限上纲，还把生产事故说成是纵容阶级敌人破坏。

这位领导偏听偏信，拿着这些材料在大会上点名批评刘顺元，两人产生了激烈的争吵。迫使华东局星夜调谷牧济南上任。

紧急上任的谷牧，本可对棘手的"刘顺元问题"不闻不

　　1989 年，全国政协副主席谷牧在济南时与省市政协负责同志留影。自左至右：张东木（济南市政协副主席）、谷牧、陆懋增（山东省政协主席）、刘耀华（济南市政协主席）

问。但谷牧认为领导班子是否团结，能否令行禁止非常重要。经过调查研究，他认为整刘顺元材料的人不能留用，否则后患无穷。

　　那个时期，对苏联的态度、对阶级斗争的偏激，都是衡量干部党性原则性的标志，一般人碰也不敢碰。谷牧坚持实事求是的原则，冷静不动声色地调离了那位思想"左"倾的干部。

　　那位省领导与谷牧有战斗情谊，对谷牧很信任。在谷牧的坚持下，他也有所自省，便同意把整刘顺元材料的人调离。

1952 年开展的"五反"运动主要针对工商界。但经过几年合作，谷牧对主持济南市工商联工作的张东木比较信任和尊敬。张东木在经济恢复时期的工作与党肝胆相照。整个抗美援朝时期，济南市捐献了 27 架飞机，其中工商界捐了 23 架（苗海南、张东木各捐了一架）。张东木为在工商联所作关于"五反"的报告准备了稿子，谷牧看过了一字不改，表示了对来自工商界的这位副市长极大的信任。

而张东木也视谷牧为导师，对他的领导艺术、政策水平极为钦佩。晚年的他回忆了这样一件事情——"三反""五反"运动期间，一日谷牧正在召开市政府委员会议，接到某单位电话请示：该单位有一块带有封建内容的旧牌匾如何处理？当时，与会者出现了两种意见。大部分认为已经解放了，封建的东西就应该革除，主张砸了烧了。对立者不同意。双方意见争持不下，大家都望着谷牧。

谷牧缓缓说道："牌匾现在不能砸，也不能烧，我们现在主要是进行'三反''五反'运动……如果我们什么都去反，那'三反''五反'运动就乱套了。"对谷牧的这番话，大家十分信服地点头称是。

二十一、毛泽东要谷牧上专列同行

1952 年初，毛泽东主席南下视察，途经济南。他没下火车，见过来看望他的省领导后，把谷牧留在车上陪自己一路到了徐州。

这是谷牧第一次见毛主席。

毛主席亲切地说："你的报告我看过了，济南的工作搞得不错嘛！"话语亲切，谷牧顿时放松了许多。

简要汇报后，毛主席话题一转，海阔天空地谈了起来。

"济南因何得名呀？"

"因为它在济水之南。"谷牧回答。

"济水现在为什么找不到了？"

谷牧知道济水下游河道被黄河侵占的历史变迁，但不知主席提出这个问题是否有别的含意，迟疑了一下。

"济水在山东的故道被黄河夺去了，你回去查查书。"主席接着说，"入境问俗，入国问禁，在一个地方工作，就要了解那里的情况，包括现实情况和历史情况。"

"诸葛亮是哪里人？"毛主席又问。

"山东临沂人，后来移居湖北襄阳。"

"诸葛亮为什么姓诸葛？"

谷牧被考住了。

"你看过陈寿的《三国志》吗？可以查一查《诸葛瑾传》……孔明先世本姓葛，原籍诸城，后来移居阳都（临沂沂南县古名阳都），阳都的葛氏是当地大姓，排挤外地姓葛的。孔明因自己来自诸城，改称诸葛……"

后来谷牧查了有关史籍，毛主席说的都有根据。

到了吃饭的时候，上的菜有道鱼。毛主席又问："你说什么鱼好吃？"

谷牧从小在海边长大，便随口举了几种自己喜欢的海鱼。

"书上不是说鲈鱼，也就是松江的鲈鱼最美味吗？"

谷牧说："海洋占地球面积 2/3 还多，海水鱼的品种远较淡水鱼多。"

"我吃过的鱼还是淡水鱼好吃。"

谷牧看主席挺较真，又从侧面迂回："主席，淡水里有好吃的鱼，海水里也有好吃的鱼，但最好的鱼是咸淡水交汇处生长的鱼，胶东的加吉鱼就是这类鱼中的优良品种。"

"你还有些关于鱼的知识，可以当个自然科学家。不过我还是喜欢吃淡水鱼。"老人家虽然夸奖了谷牧，但还是坚持己见。

他往嘴里扒了一口饭，抬起头看着车窗外连绵不断的秃山，突然问道："你们山上为什么不长树？"

"从前有些树，在战乱中被破坏了。"

"这是个原因。在苏区时国民党围剿我们，也毁了很多树，但过不久就又长起来了。你们这里山上基本没有什么树嘛！"

"南方雨水多，树长得快。山东气候干旱，树木生长受影响。"

"你说的理由不完全对，古代山东树木也很茂盛，《水浒传》写的武松打虎的景阳冈，树就很多嘛……"

这次陪同毛主席在南行的列车上谈话，谷牧受到了很大的鼓舞和教育。他事后记下了心里的感受："在上述毛主席对我关于种树的谈话中，他或有批评我们对绿化植树重视不够、抓得不力的含意，可惜我当时未能领悟，只就一些表面现象，同他辩来辩去。谈到山东的革命历史，我甚至提出党史上说王明路线造成白区党组织损失 100% 是不准确的，如果白区地下党都没有了，在抗战初期韩复榘逃跑之后，115 师挺进山东之前，山东怎么会冒出那么多共产党领导的抗日武装呢？对我提出的这样尖锐的问题，主席也并没有在意。"

二十二、陈毅点将助阵上海"五反"

1952年2月底，谷牧调上海工作，任市委宣传部长。1952年12月，与潘汉年一起被任命为上海市委副书记。

此前，上海的"五反"运动开局不利。上海是中国首屈一

谷牧夫妇陪同陈毅接待来沪开会的肖华、王新兰夫妇和王宗槐将军时合影。右起依次为：张岩、杨纯、陈毅、肖华、王新兰、王宗槐、谷牧、牟锋

谷牧在上海市第一届人民代表大会上投票

指的工业城市，中央、华东局和市委认为这样下去要出乱子，立即组织人马前来补救。同去上海的除谷牧外，还有陈丕显、王一平等人。谷牧是陈老总亲自点名要的，因为济南关于"三反""五反"的报告在全党出名。

1952 年，谷牧在上海留影

　　陈老总要谷牧协助自己加强对"五反"的领导，他们采取了严密控制（防"左"的倾向）的方针，做了大量细致的工作。陈毅市长首先出面动员报告，交代政策，着重讲防止过头之事，稳住资本家的情绪；其次强调只搞"五反"，不搞扩大化。

　　根据陈毅的指示，对上海 303 户工商界上层人士，采取

荣成四同学 1952 年在上海的合影。右起：曹漫之、王一平、李耀文、谷牧。当时曹漫之在"三反"运动中被开除党籍并撤职，刚到上海工作的谷牧、王一平及来沪出差的李耀文不顾政治压力相约与曹聚会

"严肃教育、团结生产、保护过关"的方针，让他们互助互评，"衣冠楚楚""从容过关"，不许搞得"狼狈不堪"。多数人士对这种"武戏文唱"的办法喜出望外，少数人企图偷鸡，结果当然蚀米。在最后定案中，还对政治表现较好的工商业者再适当从宽，如荣毅仁家，市委定为基本守法户，毛主席指示说：再大方一点嘛！划为守法户。

二十三、接受周恩来总理教诲

1953 年初，谷牧兼任上海市委工业生产工作委员会书记，主管工业交通。上任之初，谷牧对管理大工业是外行，但他积极主动下到企业去了解情况、研究问题。

当时许多地区都在推广苏联的"一长制"。谷牧认为，规章制度和指挥调度必须以调动职工的积极性为基础，强化行政管理要由党的统一领导来保证。因此，采取根据地时期发动和依靠群众的经验，健全责任制，进行合理的改革，搞好安全和福利，收到了很好效果。

那时，上海机械工业订单严重不足。谷牧在上海、北京两头跑，找机械部要任务，很快就为长春一汽、佛子岭、梅山、官厅水库等第一批大型水利重点工程提供了关键的机器设备。

1953 年前，加工订货、统购包销等形式在私营工业中已有较大发展。按第一个五年计划的发展要求，需要在私营工业中大幅度提高公私合营比例。从 1953 年下半年起，谷牧负责全面担负起推进私营工厂向国家资本主义过渡的任务。

上海许多私营工厂主表面上欢迎公私合营，但内心疑虑重重。经过调查摸底，工委向市委提出"积极创造条件，有步骤推进"的建议。政府对大厂派"特派员"，对中小厂派"驻厂员"或"辅导员"，还加强政府产业主管局的行业管理，厂内由资方或代理人、党工团代表和职工群众代表组成增产节约委员会，协商处理生产经营和职工工资福利等问题。这些办法，工商界人士很赞同。谷牧常与荣毅仁等人碰头研究问题，及时给予解决。

1953 年 11 月，周恩来总理到上海检查工作，听取汇报。潘汉年讲市场，谷牧讲工交。当时准备的材料繁杂，有些数字是本子上写的，有些是脑子里记的。周总理抠得很细，不断做比较分析。潘、谷随口讲到某个数字，总理忽然提出疑问，说与前面的某一数字不符。二人急忙翻本子去查，一时有点尴尬。总理笑着说：不用找了，我记起来了。总理脱口说出的数字，果然与潘汉年、谷牧本子上写的相符。

周恩来总理说，搞建设并不比打仗容易，高级干部一定要钻进去，从外行变成内行。谷牧后来回忆："他这番启发的话，使我深受教益。在以后几十年从事经济领导工作中，我一直注重了解新情况，学习新知识，对每桩具体经济事务，都要了解有关的基本数字及其动态变化，并把它们牢记，从总体上把握其发展。到总理那里汇报工作，尽量不说'大概''可能'，力求谈得具体准确。"

二十四、担任国务院三办副主任

　　1954 年 12 月，谷牧奉命进京担任国务院三办副主任兼国家建委副主任。而三办和建委的主任，又都是由薄一波副总理兼任的。

　　国务院三办是国务院领导重工业生产建设和协调检查的机构，负责联系冶金、煤炭、化工、一机、二机、建筑工程、建委等部委。谷牧在三办任职后一件比较重要的任务，是制定重工业技术工作发展规划。

　　这项工作缘起于毛主席对科技和知识分子工作的指示。谷

周总理颁发给谷牧的两份任命书

谷牧跟随陈云研究起草的《国务院关于改进工业管理体制的规定》

1956年，谷牧与夫人牟锋合影

牧布置各部委认真提出行业规划方案，与重工业部徐驰、一机部沈鸿、周建南等几位副部长多次讨论研究，抽调几位既懂技术又有较强写作能力的人组成写作小组，紧紧张张搞了近两个月，形成一个提纲式的规划报告。后来，这个报告被纳入周总理制定的《1956—1967年科学技术发展远景规划》之中。

由于帝国主义封锁，上海经济发展遇到困难，特别是商业、服务业萧条，而内地经济发展又缺乏技术、人才和经验，陈云批示：从上海搬迁一批企业到内地，同时解决两方之难。

具体负责组织落实执行的是谷牧。1955年前后，上海270多家轻工、纺织工厂以及一些服装加工、饮食服务业企业先后迁往河南、陕西、甘肃、内蒙古。上海外援人口达21万，其中工程技术人员2.3万多人，熟练技工8万人，还有5万多设计、建筑、安装人员。这次新中国首次大规模技术移民，对内地经济发展和工业体系的建立，起了很大的促进作用。

二十五、钦佩周总理反急躁冒进

　　1955 年底，国家经济委员会在国务院三办、四办、六办的基础上组建，负责编制全国的年度经济计划。薄一波任主任，谷牧是副主任之一。

　　而当时正在编制的"二五"计划，李富春副总理在 1955 年 8 月就开始抓了，周总理自己也投入很大精力。11 月，毛泽东主持制定了《农业十七条》。不久，又在中央政治局会议上强调对"右倾保守"思想的批判，不仅 1956 年的计划数字大大提高，就

1958 年，谷牧一家人在北京合影

连各部提出的"二五"计划的指标也跟风，而一些不切实际的过高指标又在 4 月下旬得到毛泽东的认可，使正在编制中的物资供应等难以取得平衡。

1956 年 2 月 8 日，周恩来在国务院第二十四次全体会议上警告说："不要光看到热火朝天的一面……超过现实可能和没有根据的事，不要乱提，不要乱加快，否则就很危险。""领导者的头脑发热了的，用冷水洗洗，可能会清醒些。"

5 月 11 日，周恩来在国务院全体会议上断然提出："反保守、右倾从去年八月开始，已经八九个月，不能一直反下去了！"周恩来、李富春、李先念在另一个报告稿中提出："在反对保守主义的时候，必须同时反对急躁冒进倾向。"

之后在 6 月 4 日刘少奇主持讨论国家预算报告稿、6 月 12 日周恩来主持国务院全体会议时，他们都强调要压缩高指标，"不能把少数积极分子的要求当成群众的要求"。

6 月 15 日，李先念代表国务院作《关于 1955 年国家决算和 1956 年国家预算的报告》，指出："急躁冒进的结果并不能帮助社会主义事业的发展，而只能招致损失。"

6 月 20 日，《人民日报》发表由刘少奇要求中宣部起草、并经他和周恩来审定的社论《要反对保守主义，也要反对急躁情绪》。

刘少奇在审阅修改这篇社论时批示："主席审阅后交乔木办。"毛泽东批了三个字："不看了。"

谷牧 1959 年 5 月留影

正是在这种形势下，周总理强调指出：计划必须建立在稳妥可靠的基础上，计算生产力，必须从人、财、物等各方面作综合平衡的考虑。八大召开了，周总理作了关于《第二个五年计划的建议》的报告。谷牧回忆说："三年以后，经历了那场'大跃进'挫折，毛主席曾经说过，'1956年周恩来同志主持制定的第二个五年计划，大部分指标，如钢等，替我们留了三年的余地，多么好啊！'"

然而，这只是后话。当时的急躁冒进之势并未刹车，在编制1957年计划时又反映出来。这期间，周恩来、刘少奇、陈云等党和国家领导人保持比较清醒的头脑，说了不少反冒进的话，虽然周恩来等的反冒进使毛泽东很不满，却让谷牧非常钦佩，并视为学习的榜样。在一次讨论钢产量指标的会议上，他就与华东一位省委书记发生了争执（详见《谷牧回忆录》，中央文献出版社2009年版，第190页）。

二十六、从专业精神和职业道德角度对大炼钢铁的反思

谷牧对周总理等敢于反急躁冒进充满了敬意，而对立场摇摆、迎合领袖的人十分鄙夷。他在回忆录中认真写下所谓大炼钢铁的过程，客观上是对个别领导人的专业精神和职业道德进行了拷问。

1958 年 5 月 5 日至 23 日，党的八大二次会议通过了"党中央根据毛主席的动议而提出的鼓足干劲，力争上游，多快好省地建设社会主义"的总路线，还提出工业与农业同时并举，中央工业与地方工业同时并举，大型企业与中小企业同时并举的方针……又与批"反冒进"，与"用七年、五年实现原定十五年赶超英国的目标""苦战三年基本改变落后面貌"的过高要求，与"一天等于二十年"等浪漫主义的口号结合在一起，片面夸大主观能动性，忽视经济规律，而且它还与"拔白旗"相联系……形成了很大的政治压力。

其实从 1958 年初国民经济就已经逐步陷入了泥淖。当年 1 月的南宁会议、3 月的成都会议，接连批判"反冒进"，形而

上学的思维方法抬头。冶金部在 3 月 20 日给中央《钢铁工业的发展速度能否更快一些》及另一份争取有色金属产量飞跃的报告，得到了毛主席的好评，并批给了有关方面。由此掀起了一股提前"赶上英国"的风。

谷牧在回忆录中说：

"由于设想钢铁赶超英国的日期不断提前，由 15 年而 10 年而 5 年，当年即 1958 年的钢产指标当然也得相应调高。国家经委（当时主管年度计划的制订和实施）4 月份根据汇总的各地数字，报告中央：预计全年产钢 711 万吨。八大二次会议后，冶金部于 6 月 7 日报告中央：预计全年产钢 820 万吨。接着，在 10 天之后，有位领导同志向中央政治局汇报《1958 年计划执行情况和 1959 年设想》，提出 1958 年钢产量将达到 900 万吨。又过了 3 天，即 6 月 20 日，经一波同志修改上报中央的国家经委《汇报提要》中又将 1958 年的产钢指标提高到 1000 万吨，1959 年产钢 2500 万吨，还提出苦战三年（又提前两年）我国可以在钢铁和其他主要产品产量方面赶上和超过英国，基本建成比较完整的工业体系。毛主席批准下发了这个《汇报》。"

"8 月下半月，在北戴河召开政治局扩大会议。会议又把当年产钢指标调高到 1070 万吨（比上一年 535 万吨增长一倍）。这个更改，当时听说是毛主席同薄一波、王鹤寿同志谈话定的……而且经有关领导同志商量，大张旗鼓地见报宣传，说是一登报谁也改不了。何况，1000 万吨与 1070 万吨相去无几。反正对于这个冒进指标的确定，没有人在中央会议上讲过不同意见。在那个时候，我们搞工业建设刚刚开始，对于'钢铁是怎样炼成的'，中央和地方的好多负责干部也不大明白，对于它涉及煤、电、运输、机械诸多方面建设和生产的复杂艰辛程度不大了解。要求他们提出中肯意见是不可能的。而比较了解情况的管几个部的国务院领导和部长，也没有冷静地考虑，实事求是地说明情况……未能相机据实进言，还不断加温、加码。在急躁冒进的错误指导思想已经统治全党、党内生活已经不正常的条件下，他们当时那样做，自然也是难以苛求的。但从切实总结经验教训的今天来要求，尊重历史、正视事实则是重要的。"

谷牧在回忆录里还回忆道：

"在庐山会议中间，我参加过总理召开的一次会议，由冶金、煤炭、机械、交通、商业等部门汇报情况，从上午开到下午四时。大会散后，总理又留下计委、经委的同志开小会，要大家深入分析形势，提出能够解决问题的方案。就在这个小会上，周总理针对几个'大办'和浮夸现象，语重心长地讲了一番话。他说：'主席对大家的谈话，有时是启发性的，有时是征求意见性的。大家听了以后，如果以为件件是主席的决定，就照样执行，这样一来主席就不好随便跟你们谈话了，那主席的日子还怎么个过法！见了面只好今天天气哈哈哈，或者只有考虑成熟了，一开口就宣布命令。那党内还有什么民主呢！？这实际上等于封锁主席嘛！'接着，他又指出，去年钢铁翻番，本来主席是提出来问问的，我们没有经过多少调查研究，全党就行动起来，这是一个严重的教训。"

周总理在当时的条件下不可能批评得更尖锐，而谷牧在回忆录中不怕得罪人，实事求是地回顾这段历史，实质上是深刻领会了周总理对领导干部们专业精神和职业道德的要求。

土法炼钢照片

二十七、扭转经济困难的"10人小组"

"大跃进"的惨痛教育了全党。1960年12月24日，中央在北京召开工作会议，讨论通过了"调整、巩固、充实、提高"八字方针。

在这次中央全会上，邓小平代表书记处宣布成立"10人小组"，负责组织经济部门和工交战线落实中央全会确定的方针措施。成员有薄一波、谷牧、王鹤寿、张霖之、吕正操、赵尔陆、刘澜波、彭涛、陈正人、孙志远，并明确指出："薄在，由薄为主帅；薄不在，由谷代。"

周总理专门在中南海北门对面养蜂夹道为"10人小组"安排了办公室。白天，部长们各自在本机关工作，晚上到这里集中办公。不久，薄一波生病了，"10人小组"工作由谷牧组织负责。

"10人小组"担负的是全国生产建设的总调度。当时物资匮乏、经济运行极其紧张，它所处理的问题无一不涉及生死攸关的民生大事。如一次上海的煤只有两天库存、鞍钢行将停炉等。种种急迫的情况，紧张得让人喘不过气。

谷牧同志：
请对1962年有色金属计划上需要解决的问题予以研究、讨论提财经小组一议。周恩来
二.十五

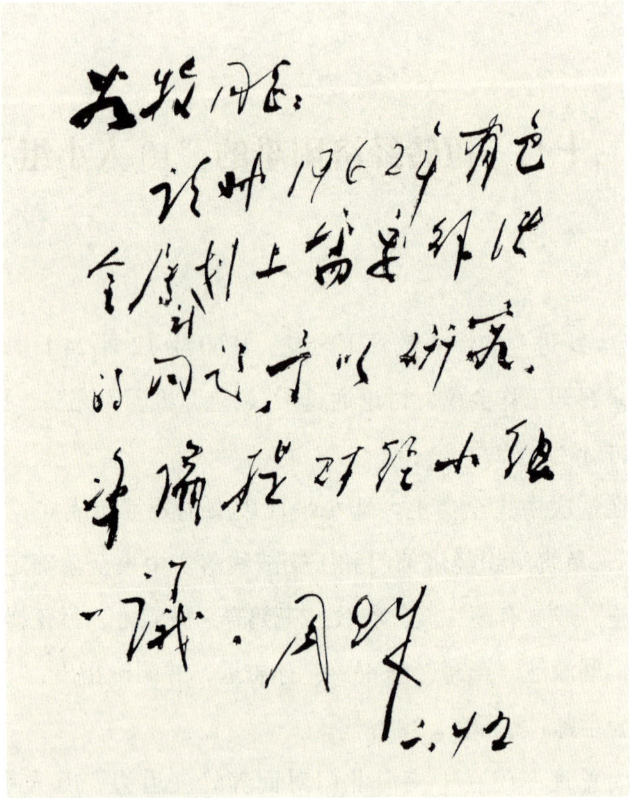

周恩来总理给谷牧一个批示的手迹。内容为：谷牧同志：请对 1962 年有色金属计划上需要解决的问题，予以研究、讨论提财经小组一议

周恩来

二.十五

更棘手的是，当时钢、煤、机械等方面问题成堆，形成怪圈。谷牧后来说："要保钢的产量和质量，冶金部门就要求保煤炭的产量和质量；要保煤，煤炭部门就要求保采掘、运输

设备的供货和质量；要保煤炭生产装备，机械部门又要求保证钢材供应的数量和质量。如此循环，就形成一个难以理清的'怪圈'。工作难度非常之大。"

为解决工交生产乃至整个经济生活中最突出的煤炭生产供应问题，谷牧于4月到京西矿务局调查。得知井下工人离岗严重，最突出的是职工生活问题："粮食定量不足，劳动服不耐穿，洗澡没肥皂，看病拿不到药品，下井工人无酒喝……很难巩固职工队伍。"

谷牧长子刘念远 1962 年参军到西藏，在西藏工作战斗了 15 年。这一年，还发生万里同志送大儿子万伯翱带头下乡的事情。这两件事在国务院会议上受到周总理的表扬

于是谷牧回来写报告，建议对矿山工人实行特供。周总理、李富春对此都很重视，以中央文件的方式批转了这份报告，后又责成谷牧起草并以国务院名义转发《关于加强中央直属煤炭生产工人供应工作的几项规定》，提高井下工人粮食定

困难时期，谷牧还是尽力做个好父亲，这是他与小女儿在公园的照片

量、食油补助，保证劳动保护用品的发放，甚至细到对每月供酒两瓶都做了明确规定，并"原则上适用于冶金和其他矿山的工人"。

这期间，"10人小组"工作成员自己也半饥半饱。经周总理批准，部长们晚间加班后，每人可免交粮票、钱吃到一碗面条。每晚会议，总理都派秘书顾明来听，以便及时掌握情况。有时听了汇报，对有些问题还要连夜追询，常常是谷牧深夜到家，刚吃安眠药睡下，案头红机子电话响了，一接，是周总理打来的，再看表，已是凌晨两三点了，复又饥肠辘辘地投入工作。

二十八、大庆经验促成设立工交政治部

调整方针逐渐起效。1963年底，大庆油田已成为成熟的典型。这年冬季，谷牧代表国家经委参加中央东北局在大庆油田召开的现场会议，这是他第三次深入大庆一线调研，全面了解大庆的经验，并向党中央、国务院领导呈文报告。12月中旬，国家经委召开全国工交工作会议，重要议题就是学习、推广大庆经验。

1963年12月16日，毛主席在冶金部一份报告上批示，

石油会战初期工人所居住的"地窝子"及后来的干打垒建筑群

"……现在因为工业部门主动提出学解放军，并有石油部的伟大成绩可以说服人"，提出在国家工业各部门"学解放军，都设政治部、政治处和政治指导员"。

1964年2月，中央决定以谷牧为主任筹建中央工业交通政治部，抽调一大批中、高级部队政工干部，分配到中央工交政治部、工交各部及大厂矿的政治部担任领导。工交政治部的3位副主任中，李人林、邓东哲来自北京军区和福州军区，钟民来自福建省。

今天，中央工交政治部已不复存在。任何机构的设立都有其时代背景和历史作用。中国经济战线的两位重要领导人余秋里、谷牧都曾是军队做政治工作的能手。解放战争时任358旅政委的余秋里，曾创造性地开展了"诉苦三查"活动，使解放军战士的思想有了翻天覆地的变化，部队战斗力迅速提高，被毛主席定名为"新式整军运动"。而谷牧搞兵运时，也是依靠党的政治思想工作，改变了所在东北军部队的精神面貌，大大提高了战斗力。在新中国建立刚刚十几年、实行计划经济的特殊时代，政治工作经验和机构也发挥了重要作用。这些精神财富激励了几代人。

二十九、三线建设热潮中看望彭老总

1964年5月27日，中央政治局常委听取汇报时，毛主席明确提出：要搞一、二、三线的战略布局，加强三线建设，防备敌人的入侵。8月，中央书记处讨论三线建设问题。毛泽东进一步强调：首先集中力量建设三线，在人力、物力、财力上给予保证。

1965年初，毛泽东提出三线建设在北京要有个总口，可以由国家建委抓起来。于是恢复了国家建委，由谷牧任主任。建委的主要任务是组织国家基本建设计划的实施，特别是西南、西北战略基地和一、二线后方基地的建设及其他重点建设项目。

8月下旬到9月初，谷牧主持召开全国搬迁工作会议。会议确定，"三五"期间从沿海向大三线迁建500个工业生产项目，主要是军工企业和与之配套的金属材料、机电产品、高能燃料、橡胶制品，以及三线地区短缺的民用工业品生产企业，还有一批为国防尖端技术服务的科研设计单位。

为做好具体部署，谷牧到西南实地勘察，在成都开了一系

列会议。在这期间，他专门看望了彭德怀同志。

那时彭德怀刚任西南建委副主任。开会时，谷牧在台上讲话，看到彭老总也坐在台下，心里不安。于是停止讲话走到彭老总面前，恳切地说："彭老总，您怎么也来了？请回去休息吧。今天会上讨论的问题，我另行向您汇报。"彭德怀豁达爽快："你是国家建委主任，我是西南建委副主任，你做报告，我当然要来听。"

当晚，谷牧登门看望了彭德怀。从谷牧的角度考虑，我军现代后勤保障系统在抗美援朝时真正建立起来，彭德怀是奠

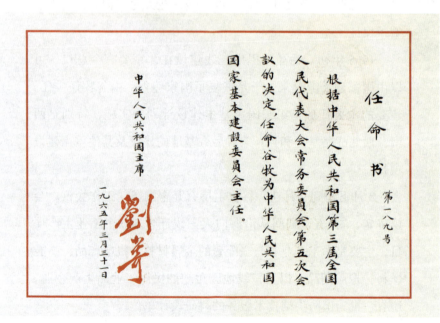

刘少奇主席颁发给谷牧的任命书

在渡口市攀枝花钢铁厂工地合影。前排左一李井泉、左二邓小平、左三邓小平夫人卓琳、右一云南省委第一书记阎红彦夫人王腾波。二排左一谢北一、左二余秋里、右一谷牧

基者。谈话中，谷牧请彭老总负责三线建设后勤方面的指挥工作。老帅则从谷牧的恳谈拜会中看出中央还是看重自己的。他很激动，立即要求下部队。谷牧以他年高体弱下部队太辛苦为由婉拒说，您坐镇机关指挥就可以了，每年到北京开订货会议，我顺便给您安排体检。

谷牧话里有潜台词：铁道兵是当年抗美援朝时创建的，彭老总到老部队肯定会受到热烈欢迎，这对改善他的处境并不

1965 年 11 月 12 日，四川攀枝花冶金指挥部，李井泉陪同邓小平等视察攀枝花钢铁厂规划模型。一排左起：冶金部副部长徐驰、中共中央总书记邓小平、中共中央西南局第一书记兼西南三线建设委员会主任李井泉、铁道部部长兼铁道兵第一政委吕正操、国家计委第一副主任余秋里、国家基本建设委员会主任谷牧、中央警卫局处长孙勇

1965年11月，四川攀枝花，李井泉与谷牧等人交谈。左起：中共中央西南局第一书记李井泉、国家基本建设委员会主任谷牧、中共中央西南局书记兼西南三线建设委员会常委副主任程子华、铁道部部长兼铁道兵第一政委吕正操

利。彭老总对谷牧的弦外之音瞬间意会。他后来对侄女彭刚说：那一天是他自庐山会议挨整以后最愉快的一天。他感叹道：打仗靠我们，现在搞建设还得靠这些久经考验的知识分子干部啊。

谷牧夜访彭德怀以及他对老总工作、生活很有分寸的安排（包括进京开会时体检等），反映了他的品格和政治智慧。同时，这应该也是周恩来总理的意见。贺龙的女儿在谷牧的灵堂对着谷牧遗像还谈起这件事。显然，"文革"前周总理和贺龙等老帅就彭总的安排也有过沟通。

三十、独具匠心的设计革命

经济刚恢复元气，政治上的"左"又见抬头。1962年9月下旬的八届十中全会上，毛主席强调阶级斗争要"年年讲、月月讲，日日讲"，全会还批判了所谓"黑暗风""单干风"和"翻案风"。谷牧既担心生产建设又要受影响，又对毛主席说过"不要因为抓阶级斗争而放松工作，要把工作放在第一位"心存希望。他说："从1963年开始，城乡陆续铺开社会主义教育运动（简称'社教'，开始曾称为'四清'）……当时我们这层干部中，对这个问题是有不同看法的，但不能不同中央保持一致。往往要在中央部署之下，按照实际做些灵活变通，而心中又不那么踏实，小心翼翼，常有如履薄冰之感。我下厂搞'四清'和抓设计革命就是这样。"

1964年冬，谷牧和水电部党组书记、副部长刘澜波带领工作队到北京石景山发电厂搞社教。该厂党委书记李锡铭作风朴素，受到拥戴。谷牧、刘澜波把重点放在改善党群干群关系、促进生产上，保护李锡铭等干部，不照搬重新"组织阶级队伍"做法，效果不错。

当时全国勘察设计单位有250多个，中央各部直属170个，设计院的社教怎么办？这里知识分子集中，思想状态、工作方式与农村和厂矿企业截然不同。

1964年10月，谷牧和国家经委副主任宋养初调查研究后了解到，1963年冬，一些设计单位提出了设计人员思想革命化、设计单位组织革命化、工程设计革命化，设计人员下楼出院到建设现场与工人一起做出多快好省的设计方案……谷牧将这种设计革命的方法以国家经委党组、中央工交政治部名义向中央书记处送交了报告，由当时主持中央书记处常务工作的彭真转呈毛主席。毛主席于11月1日批示："彭真同志，请转谷牧同志：要在明年二月开全国设计会议之前，发动所有的设计院，都投入群众性的设计革命运动中去，充分讨论，畅所欲言。以三个月时间，可以得到很

中共中央批转谷牧《关于设计革命运动的报告》

（一九六五年六月十四日）

各中央局、各省、市、自治区党委、中央各部委、国务院各部委、各人民团体党组，军委总政治部：

中央批准谷牧同志在全国设计工作会议上《关于设计革命运动的报告》，现将这个报告发给你们[1]，希中央和地方有关部门研究执行。

全国各设计单位根据毛泽东同志的指示，开展了群众性的设计革命运动。很多设计人员下楼出院，到生产前线去，到基建现场去，进行调查研究，总结经验教训，就地解决问题，这是设计方面一个很大的改革和进步，半年多来，运动的发展是健康的，并且已经取得了显著的成效。

设计革命运动的做法是：放手发动群众，充分发扬民主，领导带头检查，主动担责任，启发设计人员自觉革命；并且运用解剖麻雀的方法，总结经验教训，批判资产阶级思想；同时组织设计人员下楼出院，深入现场，联系实际，同工农群众相结合，促进思想革命化，改进工作作风，最后把思想革命落实到设计工作的改革上

269

中共中央批转谷牧《关于设计革命运动的报告》

大成绩。请谷牧同志立即部署，并进行几次检查、督促，总结经验，是为至盼！"

11月2日，谷牧邀集工交口和国防工业口共19个部门主管基建的干部开会，传达讨论毛主席指示，安排展开设计革命。晚上，又赶写一份报告，提出"设计工作革命是当前社会主义革命运动的一个重要内容……至于设计院划阶级、整顿队伍等方面的工作，可以在这段工作以后的适当时机再进行"。11月8日，彭真又转来毛主席的批示："退彭真同志：请告谷牧，他的这个部署很好。"从1964年12月到翌年1月，谷牧前后召集了四次讨论会，每次会议都编印简报，报送中央和有关部门。周扬见此经验后对谷牧说：你们这个办法好！我正为文化界如何搞社教煞费心思，你们的做法，启发了我们。

1965年3月15日至4月3日，在北京召开了全国设计工作会议。会议期间，谷牧曾两次向中央汇报。邓小平说：设计单位抓住设计工作革命来搞"四清"，是积极道路，我赞成。刘少奇也说：设计革命抓得对……"一五""二五"就应当抓。

在山雨欲来风满楼的1965年，谷牧主抓的设计革命一时间成了毛泽东、刘少奇、邓小平等人共同的关注点。谷牧以设计革命这个形式独具匠心替代社教运动，隐含了他对阶级斗争至上的变通，客观上收到了促进工作的实绩。

但谷牧后来也反思其负面的影响："用政治性群众运动的办法，来解决设计工作上的许多实际业务问题不适宜，比如改革规章制度中就夹杂一些形而上学的东西，特别是在批判资产阶级思想中，挫伤了一些技术骨干，影响了他们工作的积极性。这些都应引为教训。"

三十一、组建基建工程兵部队

　　1965 年 6 月，从成都前往攀枝花的路上，谷牧接到通知，要他和余秋里一起，陪周总理去杭州向毛主席汇报工作。

1965 年时的谷牧

　　那天毛主席的情绪很好。他说，余秋里的报告我看了，谷牧的三线建设报告我也看了，还汇报吗？在场的余秋里和谷牧均表示还有些事要谈。谷牧对书面报告没有谈透的问题细致补充，讲到三线建设中比较突出的问题是山高谷深路不通，大型设备运不进去。

　　这时毛主席敏感地插话："难道我又决定错了？"谷牧解释说：我的意思是

1965 年，谷牧考察三线建设时，在青海泥湫山与宋平、高克亭合影

必须把交通运输放在首位。毛主席赞成，指示他抓紧落实，还要谷牧每年去大三线检查两次。

随着三线建设的展开，国营施工队伍实行战略大转移，有近 100 万人从沿海调到内地，从城市调到山区，仅四川省就集中了 60 多万人的施工队伍。随之出现的是后方家属生活安排、子女学习教育等问题，仅每年安排职工探亲，就给本来已很紧张的交通运输增添了新的压力。

谷牧苦苦思索，三线建设是长期任务，是否可以参照铁

1965 年 8 月，谷牧在刘家峡工地

1965 年 10 月，谷牧与吕正操、宋养初、谢北一、吕克白、顾明等同志参观新进口的凿岩设备

此为成昆铁路连接两个隧道的一线天桥，由工人就地取材建的石拱桥

道兵、工程兵方式，实行工役制或兵役制，搞一支新型的施工队伍？邓小平对这一主张大加赞赏，并进一步提出组建专业化部队，实行"劳武结合，能工能战，以工为主"。经过一年多

的筹备，1966年8月，中国人民解放军基建工程兵正式组建，由李人林中将任指挥部主任，谷牧兼任政委。第一批先整编成5个支队（师）另4个大队（团）。基建工程兵全盛时期有32个支队、156个大队，共49万人。邓小平和谷牧当初并没有估计到，基建工程兵作出的最重要的历史贡献是——"文革"中避免了地方的派性斗争和动乱，按时、按质量要求完成了三线建设的一系列重要项目。

1965年11月，谷牧与邓小平（前排左三）、李富春（前排左五）、蔡畅（前排左四）、刘澜波（前排左六）、吕东（刘澜波与谷牧之间者）等同志在延安杨家岭毛主席旧居前合影

　　10 年动乱期间，三线建设在极其困难的情况下断断续续地进行着。国家总计投入了 1200 亿元的资金，在陕、甘、宁、青、云、贵、川 7 省区和豫、鄂、湘 3 省西部进行以国防工业为中心的大规模建设。由于上得急，铺的摊子大，受到"文革"

"文革"前夕，谷牧与李富春、刘澜波合影

的严重干扰，确有不少损失。但是，它毕竟在三线地区建成了门类比较齐全的工业项目，逐步形成一批新的工业基地。成昆等5条铁路干线的建成通车，使西南交通闭塞的状况为之根本改变。西南形成了以交通、能源、基础工业为依托，各具特色的几大国防工业基地。从而显著改善了我国生产布局，促进了大三线各省、区经济的发展，为中国工业化发展和今天的西部大开发打下了扎实的基础。

三十二、"文革"初陪少奇"蹲点"

1965 年 12 月，罗瑞卿受到批判。1966 年 3 至 4 月，政治气候急剧升温，彭真、陆定一、杨尚昆也均受到追查和批判。1966 年 5 月中央政治局扩大会议上，他们 4 人被停职撤销或调离原职，这使谷牧受到很大震动。他想不明白这到底是怎么回事。

中央政治局扩大会议通过了"5·16 通知"，谷牧列席了这次会议，使谷牧惊愕的是，康生竟指名道姓攻击朱德总司令。他感到，高层的政治生活已极不正常了。

散会时，谷牧走到朱德跟前向他问好。朱德说："我是'黑司令'了，你还要我的字吗？"谷牧曾多次向其讨过墨宝，毫不迟疑说："要！当然要！您答应了多次就是没兑现，我又不好意思催您。"

《人民日报》公布聂元梓大字报后，北京的大中学生不再上课，大字报铺天盖地。刘少奇决定给大中学校派去工作组，学生们又为反工作组或保工作组而争斗不已。

1966 年 7 月下旬，谷牧受命陪同刘少奇同志到建委下属的建工学院"蹲点"。他先后陪刘少奇去过三次，都是下午或晚上。刘少奇讲话的内容，基本上是他主持中央工作时对"文化大革命"的构想，如"不要包围黑帮住宅""不要开大规模声讨会"等。刘少奇坦言："至于怎么样进行无产阶级'文化大革命'，你们不大清楚，不大知道，你们问我们；我老实回答你们，我也不晓得。我想党中央的许多同志和工作组成员也不晓得……老革命遇到新问题。"

刘少奇的这些话准确反映了老干部们对"文革"的迷惘，令谷牧感到亲切实在。后来刘少奇说他不再去建工学院了，要谷牧和戚本禹去结束一下。戚本禹不去。谷牧在建工学院师生员工大会上，还大讲少奇同志来"蹲点"，是对我们很大的爱护，他的重要指示要认真学习贯彻。谷牧真诚地想用少奇同志的声望，疏导那里出现的问题。但这些话后来成了谷牧公开为资产阶级司令部"护驾"的罪证，造反派硬逼谷牧写"认罪书"，同刘少奇被迫写的检讨，一道在社会上散发流传。

三十三、与红卫兵儿子谈心

"文革"开始时，谷牧的二儿子刘会远正值高中，处于青春叛逆期，思想活跃，对广为流传的毛主席与侄子毛远新的谈话颇感兴趣。

有一天，儿子对谷牧说："爸爸您别不当一回事，我现在不仅是您知道的团支部书记，而且在学校里我们也组织了一支阶级队伍，我要跟您进行一次同志式的谈话。"刘会远指出奶奶经常历数土改时贫下中农的一些过激行为，影响很不好。谷牧说："可土改中这种'左'的现象确实存在啊。"儿子急了："爸爸，您也不看看现在是什么形势？"谷牧说："我是革命干部，什么形势也不能儿子造老子的反！"

谷牧心里却产生警觉了，他套出来儿子不但和清华附中《论造反精神万岁》大字报的作者张小滨、卜大华、骆小海等是朋友，而且作为附中的红卫兵头头，竟参与北京航空学院的赖瑞瑞（建材部部长赖际发的儿子）准备成立大学红卫兵的文件起草等活动。

谷牧感到问题严重了。他耐心地把话题重新拉回到当年的土改，讲自己当年在朱梅村调查的情况。他告诫儿子：当一场运动到来的时候，最先行动的可能是在群众中根本没有威信的流氓无产者，必须善于识别和管住这些家伙，发动和培养真正值得信赖的人。

毛泽东在接见铁道兵积极分子代表大会的全体代表时说："要多快好省修建铁路。"前排左二为铁道兵司令员李寿轩，左三为政委崔田民，左四为副司令员郭维城

说到奶奶，谷牧说，作为一个上中农家庭的妇女，不能强求她具有贫下中农的觉悟。但她是一个好母亲，她坚信儿子做的是对的，儿子的朋友们也可信赖。谷牧在家乡的战友如王一平、曹漫之等无处躲藏时，会到她家去避难养病，所以他们都叫她干妈，她对革命是有贡献的。谷牧说：能要求我跟这样一位了不起的母亲划清界限吗？

这一席话对儿子的震动很大，使其增强了独立思考的能力，收敛激情，避免了进一步卷入疯狂的派性斗争。不久，他就按谷牧的安排到西昌成昆铁路指挥部找郭维城副司令报到，在 7 师参加了成昆铁路的建设达半年之久，直到谷牧和郭维城都受到冲击，部队不再敢收留他为止。

三十四、工交座谈会的较量

1966年9月初，经李富春提议，毛主席、周总理批准，余秋里和谷牧协助国务院领导抓经济工作。当时，中央文革那一伙人唯恐天下不乱，蓄意把火引向工交系统，煽动学生下厂矿串联，经济部门和工矿企业的许多负责干部被"炮轰"揪斗，生产指挥系统几近瘫痪。

周恩来忧心忡忡，对余、谷说："经济基础不乱，局面还能维持，经济基础一乱，局面就没法收拾了。"总理要他们帮着把住经济工作这个关。谷牧受命组织力量编制铁路运输计划明细表，并起草串联不得干扰铁路、航运秩序的通知。

10月上旬，谷牧向总理报告了铁路运输的困难，周总理很担心铁路停断和阻塞。11月初，上海发生震动全国的"安亭事件"，很快发展到全面夺权的"一月风暴"。

鉴于局势失控，谷牧向国务院建议：在即将召开的全国计划会议上，先务几天"虚"，讨论工矿企业"文化大革命"到底怎么搞法。这边刚着手组织班子起草文件，11月13日，陈伯达就送来了《关于工厂文化大革命的十二条指示（草案）》（以

下简称《工厂十二条》）。由地方和国务院工交部门的一些负责
干部参加的工交座谈会，于11月16日在京西宾馆召开。大家
认为，"文化大革命"如果在工交系统全面铺开，后果难以预料。
对中央文革搞的那一套，参会人员表示了极大愤慨。然而不能
直截了当地与"文革"唱反调，便打起了迂回战，采取对陈伯
达稿增删修正的办法，明确写下"十七年来，工交战线基本上
是执行毛主席革命路线的"论断，还作出"学生不能到工厂串
联"等规定。并应姚依林的要求，写上"此件精神适用于财贸
系统"。这样，十二条变为十五条（以下简称《工交十五条》）。

《工交十五条》刚定稿，21日下午，陈伯达就打电话把余
秋里和谷牧找去，气呼呼地拿司马迁《报任安书》中的几句话
让谷牧看。这段古文谷牧从小就会背诵，大意是说写文章的、
搞历史的、研究天文气象的，与掌管占卜祭祀事务的小吏相似，
如"下九流"一样被世人看不起。见谷牧不做声，陈伯达便说：
"我们写文章的无权无势，小小老百姓，谁也瞧不起。过去邓小
平看不起，现在你们也看不起，把我的稿子改得体无完肤。"

谷牧解释他也不听，余秋里、谷牧便离开了。随后，谷牧
向总理汇报，总理说自己对司马迁那几句话记不全了，要谷牧
抄了出来。

22日晚10点，李富春电话通知谷牧，毛主席有指示下来，
基本肯定了谷牧等对陈伯达文件稿的修改意见。谷牧这时候才
明白，总理为什么要让自己抄下陈伯达借题发挥的那段话。原

来，陈伯达心理上的那点问题，毛主席是清楚的。周总理还是拿住了他的"穴道"。

12月4日至6日，林彪在怀仁堂主持召开政治局扩大会议，听取工交座谈会的汇报，讨论《工交十五条》。谷牧说：工交战线不存在"黑线"问题；没有领导权不掌握在无产阶级手里的问题；工业生产的连续性和协作性要求生产不能中断。这三个特点决定了工交企业的"文化大革命"不同于文教系统，也不同于党政机关，必须分期分批，坚持八小时生产，业余闹革命。并特别提出：要进一步加强各级政府中搞生产建设的班子，对工交企业里在运动中犯"错误"的干部不能全部罢官。

汇报刚完，强烈的大批判炮火立即向谷牧爆泄而来。王力说："你的汇报反映了一套错误的东西，就是不搞文化大革命。"张春桥说："你的发言代表了一小撮走资派的情绪。"江青指责谷牧"完全是反革命"。陈伯达气势汹汹地质问："这个汇报提纲为什么不同我们商量，要搞突然袭击吗？"康生说："一个国家的变修，重要的问题是经济基础，还不在于文教部门……从挖资本主义根子来看，工矿企业的文化大革命更为重要。"

12月6日，林彪在会议总结中说："工交座谈会开得不好，是错误的，思想很不对头，现在需要来一个一百八十度的大转弯。"在三个半天的会议上，周总理、李富春、李先念、叶剑英、聂荣臻寡言少语。林彪说完后，周总理说："谷牧他们有一个最大的担心，就是怕运动影响国民经济，经济出了问题反过来又影响革命的发展……"

几天后，周总理主持开会，研究工交座谈会的有关文件是否传达下发的问题，谷牧说："完全赞成把《工交十五条》发下去批判，但是希望只传达对我的批判，不要涉及其他无关的事情（指王力点陶铸同志名一事）。"

这时聂帅看了他一眼，说："不要瞎讲，我不赞成向下传达，一概不要传达，谷牧同志只是内部讨论工作中的认识问题，是没有形成后果的错误，只是改了改稿子嘛！稿子写得不好再修改一下或另写一份不就完了吗！……一传达反而扩大了影响，干扰斗争大方向。"

叶帅、李富春和李先念都赞同。中央文革那几个人仍强词夺理，但总理最后拍板：不向下传达，各大区来开会的同志回去后，只在中央局常委内部谈一谈就可以了。

但是，12月19日中共中央就下发了陈伯达等起草的在工矿和农村开展"文化大革命"的两个文件。从此，"文化大革命"堂而皇之地进入工交、财贸、农业、科研等领域，工矿企业被席卷进险风恶浪之中。

而造反派也将中央政治局会议批判工交座谈会和《工交十五条》的情况用街头大字报等形式公布传播，谷牧抓生产更困难了。

三十五、成为"二月逆流的小伙计"

在这种险恶的形势下,1966 年 12 月中旬至 1967 年 1 月底,谷牧仍坚持去西南检查大三线建设情况。一路的情况可以说是危机重重,险象环生。比如攀枝花钢铁基地总指挥、冶金部副部长徐驰迫于混乱,只能把谷牧约到一个叫米易的小站见面。贵州水城钢铁厂建设指挥长陶惕成特意嘱咐谷牧,此地不能久留,快走!果然,第二天造反派就抢印夺权,陶后来被造反派折磨致死。在造反派看来,谷牧因《工交十五条》在政治局被批之后立刻去西南出差,意在逃避清算,所以不断发电报勒令他回机关接受批判。谷牧后来回忆说:虽然对三线的工作心有牵绊,但回北京参加了被称为"二月逆流"的二月抗争,还是很荣幸的。

1 月 30 日 11 时谷牧抵京。一下飞机,就被造反派绑架、关押。

1 月 31 日上午,谷牧整整被斗了 5 个小时,直到周总理派来的联络员经过严正交涉,谷牧才被送到中南海北门。

谷牧不辞辛苦地跑大西南抓三线建设,尽量减少或减弱

"文化大革命"对基层工作的冲击。他不曾预料的是，造反派及他们背后的政治力量已经为他张开了一张网，或者说是挖了一系列的陷阱，机场的绑架只是一个前哨战，接着一个极其险恶的冷箭向他射来。

2月初，北京化工学院造反派拿出所谓"谷牧反对毛主席的罪状"。据其2月7日的日记记载："北化近日公布我为反革命分子，第一条罪状，就是我在某一次党组会议上说主席脑子不行了。类似这种话，好似在小范围讲过，但真实情（况）记不清了。"

大家都知道，在"文革"那个疯狂岁月里，被戴上"反对毛主席"罪名的人会是什么下场。谷牧竭力摸到了一点线索后向李富春同志做了报告。周恩来、李富春向毛主席耐心做了解释，指出是某个被打倒的领导的亲信故意把谷牧的一些牢骚恶意夸大和歪曲，透露给了造反派……毛泽东竟然接受了这一解释，谷牧最担心的"雷霆震怒"没有发生。但是，在毛泽东眼里，谷牧或已不再是过去那个他欣赏的谷牧了……

造反派恼羞成怒。2月10日，有两批人到谷牧家抄家，搬走了装文件的铁柜。周总理闻讯当即派联络员持他的亲笔信去建委连夜追回。第二天，得知文件被追回，造反派又大闹。

1966年2月11日晚的碰头会上，叶剑英斥责康生、陈伯达和张春桥：你们把党搞乱了，把政府搞乱了，把工厂、农村搞乱了！你们还嫌不够，还一定要把军队搞乱！这样搞，你们想干什么？又质问：上海夺权，改名为"上海公社"，这样大的问题，涉及国家体制，不经政治局讨论，就擅自改变名称，又是想干什么？革命，能没有党的领导吗？能不要军队吗？

徐向前说：军队是无产阶级专政的支柱，这样把军队乱下去，还要不要支柱啦？

聂荣臻也说：你们不能为了要打倒老子，就揪斗孩子，株连家属。残酷迫害老干部，搞落井下石，这就是不安好心！

2月12日，建委造反派闯入中南海小礼堂，谷牧被他们揪斗了两个小时。直到下午两点，李富春、李先念一起听他们"控诉"了一通后，暂且收兵。

2月13日上午，各部工改兵（基建工程兵）的整编办公室共15人，来中南海批斗谷牧在整编工作中的错误，批了整

谷牧1967年2月14、15日日记

整一上午。各个部整编办的人一起来，显然是有组织的。

这天晚上李富春交了一份信访快报给谷牧看，是炮轰谷牧的一期专号。帽子好大："恶毒诬蔑毛主席，大力吹捧刘少奇。"

2月14日，周总理主持中央政治局碰头会，双方又一次交锋，后因毛主席来电会议中断。谷牧当天的日记可能是对这次会议的唯一记载：

二月十四日　晴

下午出席总理主持的碰头会。今天的会议气氛好紧张。总理没说几句话，叶帅即站起来很严肃地讲："我请各位帮忙！我现在看的很明白，各省市党（委）垮了，政府垮了，现在要闹到我们军队头上来了。……军队乱了，这后果很严重啊！"

徐帅猛然把桌子一拍，声音很响，很生气地高声说道："我们不成，把我们撤了散了，让蒯大富来指挥嘛！"

叶帅离席怒气冲冲又很风趣地说："我们这些人不读书、不看报，搞不清什么叫个巴黎公社精神，是否请伯达同志给我们讲讲？"

那边的人无一人吭气，总理圆了几句场，正好主席来电话，找总理他们去。一幕紧张的戏，猛然拉幕了。时五点有半。

2月16日，谷牧先挨了北师大造反派谭厚兰等与机关造反派组织的一场残酷批斗，连续罚站了5个小时，受尽辱骂且滴水未进。谷牧去西南出差积劳成疾，造反派不断揪斗和骚扰，关节炎加重，这次又站5个小时，令他痛苦不堪。

　　午后回到中南海，感到口渴、恶心、厌食、近乎虚脱……他身心实在不支。谷牧后来说："大概是秋里同志把我的情况报告了先念等领导，下午先念、震林在去开中央碰头会前，都来看了我，情绪颇激动……"

　　也许正是会前看到谷牧的狼狈窘态，他们心里淤积的怒火难以遏制，谭震林在中央政治局碰头会上首先开炮。质问："为什么不让陈丕显同志来？"张春桥说："群众不同意他来北京。"谭厉声说："你们老是群众！群众！你们说的是什么'群众'！还要不要党的领导！"他越说越气："渔船不生产了，我命令他们下海，说我是压革命，有机会就批我。你们到处斗争老干部、打倒老干部。江青要把我整成反革命。"

　　谢富治插话："江青同志和中央文革对你还是保的。"谭更火了："我用不着她保，我革命不是为了她江青。你们就是要整掉老干部。延安整风抢救运动就整了那么多人。现在这一次是党的历史上斗争最残酷的一次，超过历史上任何一次。"

　　他一拍桌子站起来，"照这样，让你们这些人干吧！我不干了，砍脑壳，坐监牢，开除党籍，我也要斗到底！"说着拿起皮包就走。陈毅说："不要走嘛！留在这里跟他们斗！"李先念说："现在是全国范围内的逼供信，不光斗老子，还要斗小子，西郊机关（指军直机关）里十几岁的娃娃被抓起来……"

　　当他提到打倒大批老干部是由《红旗》杂志1966年第十三期社论开始时，总理当场责问康生、陈伯达："这么大的事情，你们也不跟我们打招呼，送给我们看看？"陈毅说："谁是革命的，现在还看不清楚？当年王明自称是最革命的、最正确的，说什么'山沟里出不了真正的马列主义'……后来他怎么样？现在也还要看，究竟谁反对毛主席？究竟谁正确？历史会证明的……这样搞下去，党会成什么样子？连哭都找不到个地方。"余秋里说："计委的造反派每星期斗我两次，他们不给我道歉，我不去了！"

作为碰头会主持人的周恩来没有责备奋起抗争的老同志，也没阻止场上情绪，会后也没有按惯例去向毛主席汇报。

2月19日凌晨，毛泽东召集会议，严厉批评谭震林、陈毅等人否定"文化大革命"，措辞严厉至极。他说：我等了你们3天，你们不来。如果是这样，我回湖南，陈伯达去苏州，江青留在北京，让你们批判、枪毙。会上决定陈毅、谭震林、徐向前"请假检讨"。

2月25日至3月18日，中央政治局连续召开7次"政治生活批评会"，中央文革小组气势汹汹地反攻倒算，说16日的碰头会是"八届十一中全会以来，最严重的反党事件"，周恩来被迫检讨，余秋里、谷牧被定为"二月逆流的小伙计"。自此，中央政治局停止活动，中央文革小组实际上取代了中央政治局职能。

三十六、白天被批斗，晚上抓工作

冠以"二月逆流的小伙计"之名，造反派对谷牧的批斗猛烈升级，抓工作就更困难了。但周总理每次接见各部门群众代表时，总要余秋里和谷牧随同。他说："余秋里和谷牧是好同志，是毛主席赏识的干部，他们如果不是毛主席司令部的人，我能带他们来这里吗？这么大的国家，千头万绪的工作，我需要他们做帮手，这也是毛主席批准的。"

千钧重压下，谷牧又被抄家。"文革"中，他先后被抄家8次。白天挨批斗，晚上抓工作；时而在台下"低头弯腰"坐"喷气式"；时而坐在台上听汇报，协助总理抓经济工作。

当时余秋里和谷牧都离开家住进中南海。谷牧每次回机关，周恩来都派联络员跟着，并与造反派"约法三章"。但有哪家造反派遵守规矩？哪一场批斗两小时能下得来？批斗经常是四五个小时，谩骂侮辱不说，还要被揪头发、扭膀臂、弯腰踢腿。特别难忍的是四五个小时不让喝口水，嗓子冒火，头晕目眩。

谷牧一回到中南海，浑身就像散了架，有时候连饭都不能下咽。李富春看不过去，向总理提出："谷牧一星期出去两三次，身体受不了，也耽误工作，改为每周一次或最多两次吧！"总理说："什么一次、两次，一次也不去了，以后谁叫他出去，要由我批准。"

这期间，总理要谷牧主抓交通运输系统。为了支持谷牧工作，总理特意安排谷牧在五一节上天安门观礼。但是"五一"过后不久，北京街头出现了"打倒大叛徒谷牧"的大标语、大字报。揪着1936年谷牧在北平曾被国民党军警督察处拘捕那段历史做文章，其实组织结论清白。周恩来说："你不必背什么包袱，该干什么就干什么。"

"叛徒"风波未了，8月又生出"特务"案。造反派查出

谷牧一家居住过的百万庄申区19号楼

解放战争初有个少校特务名字恰与谷牧 30 年代做地下工作时期名字相同，也叫刘曼生。于是不做任何分析，张冠李戴栽到谷牧头上。这一搅和使谷牧有口难辩，周恩来说："一时说不清，可以帮你查，但是你暂时难以出去工作了，在内部帮我办些事情吧！"

从这以后，造反派组织了"揪谷兵团"，在中南海北门搭设帐篷，狂呼乱闹，时达 3 个月之久。但周恩来保护谷牧，一直不让他出去。

1968 年 4 月初，李富春对谷牧说：国家建委的局面被军管会基本控制，周总理和他考虑谷牧可以回机关。临行时李富春紧紧握着谷牧的手说："总理让我特别转告你，自己要保重，要经得起磨炼。"谷牧心头一热，几乎落下泪来。李先念还为他的"特嫌"问题愤愤不平："你不是当时华东局的秘书长吗？管着机要，如果你是特务，华东战场的胜仗还怎么打？"又说："堂堂华东局秘书长，共产党的大官，国民党怎么才给当个少校特务……"

三十七、总理授命抓港口建设

"文革"中各单位看押走资派和其他牛鬼蛇神的地方被称为"牛棚"。谷牧经历了一年零七个月的"牛棚"生活,"接受群众批判","取得群众谅解"。在历史问题被查清后,1969年11月,又分别在建委机关和"五七干校"做检查获通过。之后到四川江油基建工程兵第一支队下放锻炼。1970年7月,改到湖北潜江江汉油田"蹲点"。

1972年2月,美国尼克松总统访华,掀开了中美交往的新篇章。

过去因台湾海峡处于战争状态,中国的航运事业落后。周恩来乘中美关系缓和时机,立刻安排还在江汉油田下放的谷牧回来配合粟裕抓港口建设。总理说:"加强港口建设,经济发展需要,外贸需要,打仗也需要,不搞上去怎么行?我们已经抓晚了,今后3年内要改变港口面貌。"

当时除了劳动锻炼,谷牧已长期没抓工作,接受了总理的重托,决心拼老命办好这桩大事,决不能错过国际形势变化带来的机会。

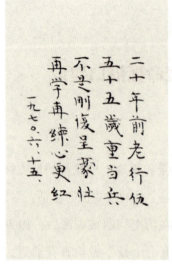

二十年前老行伍
五十五岁重当兵
不是刚愎呈蛮壮
再学再练心更红
一九七〇、六、十五、

1970年，在基建工程兵工地劳动锻炼的谷牧拍下的着军装的
照片，分别寄给子女。左侧是在照片上亲笔写下的打油诗

在谷牧受命之前，港口建设实际已经有粟裕在抓。谷牧配
合老领导粟裕义不容辞。过了一段时间，粟裕因病休养，担子
主要落在谷牧身上。

为把总理提出的"三年改变港口面貌"这一奋斗目标具体
化，谷牧到任后展开了全面排兵布阵。

——报请国务院批准，成立有关部门负责人参加的国务院
港口建设领导小组，下设办公室负责日常事务。沿海一些建港
重点省、市、自治区，也成立相应机构，从上到下形成一个工
作体系。

——分南北两路，对沿海港口广泛调研，制订出规划方

谷牧三子刘历远五好战士证书（写成刘历元是连部文书之错）。当时谷牧对林彪在部队搞的一些形式主义颇有微词（谷牧的老领导罗荣桓元帅早就对所谓"一句顶一万句"之类很不以为然），但自小经常惹祸的刘历远能被评为五好战士，还是让老两口很高兴

案：新建万吨级以上泊位 44 个；新增机械化作业线 150 条；新建大船坞 9 个。

过去搞港口，往往只注意泊位、码头本身的建设，而忽略货场、市政公用设施等相应条件的配套，因而往往形不成综合能力。这个问题当时在秦皇岛显得尤为突出。靠国家投资，靠计划，实难平衡；靠地方投资，捉襟见肘。谷牧提出：从港口吞吐的每一吨货物中收取一元作为港口建设的配套费，这个创意先在秦皇岛实行。谷牧算过一笔账：秦皇岛每年可由此筹资

谷牧一家1973年拍的全家福。当时一家人能凑在一起纯属偶然。谷牧（前排右一）已结束了下放的生活，由总理委派抓港口建设。牟锋（前排左一）因病在女儿刘燕远（二排左一）陪同下从江西"五七干校"回京检查治疗。长子刘念远（后排中间）、长媳金建华（二排中间）因女儿出生而从西藏回京休假。次子刘会远（后排右一）作为士兵刚完成一次押送武器至广西凭祥交给越南军方的任务，返回途中在北京倒车，经领导批准回家短时探望父母和奶奶（前排右二，其怀中抱着长孙刘诗来）。老三刘历远（后排右一）作为38军足球队主力也碰巧在北京有赛事。二排右一是被黑龙江建设兵团浩良河化肥厂派到北京学习的老四刘宪远

几百万元，很能办一些事情。

在抓港口建设中，谷牧还考虑到我国最大的上海港挖潜能力有限的问题，提出尽早在其附近加建新港，为此选了两个点进行研究，一是浙江宁波；二是上海金山卫南边的乍浦。乍浦是孙中山《建国方略》中设想的东方大港所在地（但有回淤的

问题），谷牧的这些考虑，后来都得到了安排。

周总理一直关注着港口建设，他的重要批示使很多重要问题及时得到解决。1975 年 2 月 1 日，周总理最后一次扶病主持国务院会议，看到谷牧，殷切地询问了港口建设新情况。谷牧报告说：原定目标可以实现，请总理放心。深感欣慰的总理又想到了下一步，他问："到 1980 年怎样?"他指示谷牧下一步要研究发展航空港的问题。

三十八、跟随邓小平整顿工业交通

1973 年 5 月，谷牧被恢复国家建委领导职务（当时称革命委员会主任、党的核心小组组长）。

谷牧 1975 年在北京

1975 年 1 月，在全国四届人大一次会议上，谷牧被任命为国务院副总理。

这一年对于谷牧来说，最重要的事情就是跟随邓小平搞整顿。整顿从工交系统开始，工交系统的整顿又从铁路运输开刀。邓小平指定谷牧负责组织实施。

谷牧即刻找国家计委、铁道部等部门研究，起草了《关于加强铁路工作的决定》。3 月 5 日，以当年中央 9 号文件下发。会后，

1975 年，国务院部分领导成员及工作人员合影（前排右起为：余秋里、王震、吴桂贤、陈永贵、纪登奎、苏振华、谷牧、康世恩）

万里部长率领工作组先后到徐州、太原、郑州、长沙等枢纽路局整顿。到 4 月份，几个严重堵塞的路局全部疏通。

3 月下旬，邓小平在主持国务院会议时说：9 号文件的精神不仅适用于铁路工作，也适用于一切工业部门。谷牧正急切地设法解决工业生产建设中存在的严重问题。小平的指示给他指明了途径，他决定把关系全局的钢铁工业整顿提到重要位置。

4 月下旬，在一次国务院常务会议上，谷牧说："钢铁上不去，现在主要是内部问题，不是外部问题，得采取大措施加以解决。"邓小平点头说："现在到了下决心解决钢铁问题的时候了。"他提出应召开全国钢铁会议，要谷牧组织材料。

5月8日到29日，在北京前门饭店召开了钢铁工业座谈会，修改了代中央起草的《关于努力完成今年钢铁生产计划的指示》，以当年中央13号文件下发。

5月22日，邓小平主持国务院常务会议，听取谷牧汇报。谷牧在汇报中强调"钢铁要上去，必须解决几家大企业的'革命'问题，坚决反对派性，落实老干部和技术人员政策，调整领导班子，加强生产指挥调度。"邓小平肯定了谷牧的意见。

5月29日，叶剑英、李先念、王震等出席了钢铁工业座谈会，邓小平首次提出以毛主席的"三项指示"(即"学习理论"、"安定团结"和"把国民经济搞上去")作为今后一个时期工作的纲。谷牧认为："这是与'四人帮'对着干的纲领，也是首次举起了改变'以阶级斗争为纲'的旗帜。"

会后，即对冶金部和几个大企业的领导班子进行调整，从石油部调唐克充实冶金部的领导班子，调走了一位军代表和另一位部领导，接着向鞍钢、武钢等大企业派工作组，督促落实中央13号文件。鉴于钢铁生产涉及面宽，又成立了国务院整顿钢铁领导小组，谷牧任组长，吕东、袁宝华等任副组长。整顿一抓，当即见效，6月份欠产严重的鞍钢、武钢、包钢、太钢生产就达到了计划水平。

在整顿中，谷牧曾组织地质队伍在全国进一步查找富铁矿资源，可惜储量不足以大规模开采利用。鉴于此，谷牧和一些专家提出设想：在沿海某个港口，建设"吃"进口富铁矿的大钢厂。后来上海宝钢的兴建，由此肇始。

1975 年 6 月 16 日到 8 月 11 日，国务院陆续举行计划工作务虚会，谷牧组织国家计委起草《关于加快工业发展的若干问题》的文件，最后定为二十条，简称《工业二十条》。8 月 18 日，邓小平主持会议对这个文稿进行讨论，谷牧又作了修改。原打算文件报中央审批下发，但形势突变，不但未能下发，还在翌年成了"四人帮"批判的靶子。

国庆节后不久，政治气候转寒。煤炭部召开整顿工作会议，约谷牧作报告，在准备报告的过程中，李先念几次嘱咐要多用毛主席的话。谷牧不解，李先念不满地说：我们犯错误啦，以生产压"革命"啦！

11 月底，中央传达毛主席最新指示："反击右倾翻案风"。随即邓小平被停止大部分工作，"专管外事"，整顿就此全面落幕。

三十九、成为"四人帮"重点攻击对象

1976 年 1 月 5 日凌晨，医务人员为生命垂危的周恩来最后一次手术。谷牧同王震一起去探视，看到周总理枯瘦憔悴的面容，心如刀绞。但有"四人帮"的人在场，他强忍哀痛。回到家里，夫人牟锋发现他眼睛红肿，追问："老谷，你怎么了?"谷牧只说了一句："总理不行了。"说罢，号啕大哭起来。

1976 年 1 月 8 日，周恩来的心脏停止了跳动。接着，邓小平被停止工作。

"四人帮"立刻全面反攻倒算。"批邓、反击右倾翻案风"甚嚣尘上，正常的社会秩序和工作秩序又被打乱。郑州铁路局的坏头头唐岐山搅得十几条运输线难以正常运转，混乱波及半个中国。

许多老同志对此痛心疾首。当时"靠边站"的叶帅把谷牧找到家中。为防止窃听，叶帅打开收音机以掩护，听谷牧讲经济形势究竟混乱到什么程度。谷牧汇报以后，他说："问题严重啊! 只能尽量减少些损失了。你担子重啊!"

果然，谷牧成了"四人帮"重点攻击对象。谷牧组织起草的《关于加快工业发展的若干问题》，连同《论全党全国各项工作的总纲》《关于科技工作的几个问题》一起，被诬为"复辟资本主义的三株大毒草"，遭到猛烈批判。

谷牧明确表示：《关于加快工业发展的若干问题》是我搞的，国家计委只有少数同志作为我的助手参加起草。此事全由自己负责，与国家计委党的核心小组没有关系。谷牧还要参与起草工作的同志到"五七干校"去，以躲避风头。

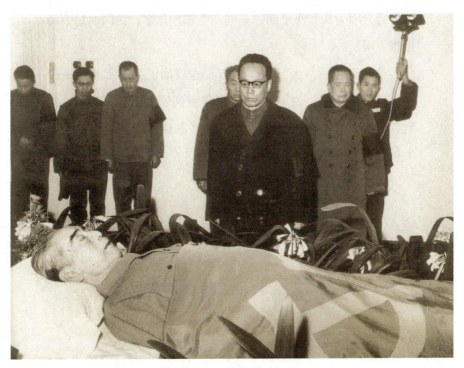

谷牧沉痛地向敬爱的领袖、恩师周恩来总理告别

　　最令谷牧痛苦的是，还必须被迫做出"转弯子"的姿态，字里行间都得戴上个"批邓"的帽子。当时，袁宝华同志见他非常矛盾和痛苦，便劝他说：我们在这个时候说一些违心的话，小平同志听到了也会理解的。

　　3月13日晚，谷牧接通知参加中央政治局的会议，要他汇报工交战线"批邓"和生产情况。小平同志参加了这次会议。谷牧是在他领导下抓整顿的，如今却要言不由衷地批他领导的整顿，心情莫可名状。谷牧说："我在'批邓'上确实抓得很不得力，因为我和小平同志是同一个思想体系，我同他划不清思想界限。"

　　谷牧讲完后，张春桥表态指责谷牧的汇报避重就轻，张春桥还大算旧账，说1970年以来外贸问题有两次打反复，指责谷牧在某次会上骂他，说邓不敢说的话谷牧都敢说，相当尖锐。

四十、"我不入苦海，谁入苦海"

人们公认谷牧为后来的改革开放作出了重大贡献。其实，在谷牧自己心中，"文革"后期坚守国务院经济工作领导岗位，对于党和国家的命运来说贡献更大，也更显示了他的能力。面对强大对手"四人帮"最后的疯狂，谷牧这个长期抓经济工作的领导干部，表现出了一个政治家的风采。

1976年5月31日晚，谷牧去政治局汇报工作，到得稍早。江青进来一见谷牧，厉声质问："为什么把一套进口的化肥设备放在大庆？你给我拆掉！"

谷牧冷冷地说："这不是我决定的，要拆的话得请政治局作决定。"江青强悍地吵吵嚷嚷不停，这时已出任代总理的华国锋走进会场，问清原因后，严肃地说："这是毛主席批准的！"江青只得嗫嚅而退，但张春桥不甘心，说："我就反对你们这个办法，动不动拿毛主席来压我们。"

在"四人帮"的心目中，谷牧正是"你们"那个阵营顽固的桥头堡，必欲除之而后快。同情谷牧处境的同志，好心劝他去治病休息一段时间。谷牧很清楚，此举万万不可，只要略露

　　谷牧很喜欢青年油画家王路创作的这幅《泰山松》，一直悬挂在书房——"九藤书屋"书架上

　　在"文革"最难熬的岁月，谷牧找青年朋友张国良在自己心爱的藏石上刻了"抗潮流"三个字

倦怠之意，"四人帮"马上会把他们早已准备好的人安插到国务院，夺走经济工作领导权。当时余秋里病重休养，已被排斥"靠边站"的李先念同志一再叮嘱谷牧："无论如何你得支撑住，绝不能让他们把国务院都拿过去。"叶帅甚至对谷牧说："抗战时期有些村政府是我们特意安排的'两面'政权……你也要这样。"

谷牧下铁心咬紧牙关，坚守阵地，"我不入苦海，谁入苦海"，总理的教导言犹在耳，总理为之笃实力行的光辉榜样宛然在目。

1976年7月6日，为稳住生产，控制恶化的经济形势，在谷牧建议下中央召开全国计划工作座谈会。会议期间，王洪文与上海市工交办主任黄涛和辽宁省革委会副主任杨春甫密谋策划。"南黄北杨"跳出来攻击谷牧讲话是做表面文章，说问题的核心不在于加强经济工作的领导，而是要搞清"右倾翻案风"从何而来。他们说："右倾翻案风"的"风源"是1975年夏季国务院务虚会。

谷牧坚持对黄、杨二人的发言不上简报。三天后，黄、杨大闹。谷牧依然坚持己见。连纪登奎都说："人家发了言不印简报显得不民主吧！再说，不出简报恐怕你也顶不住。"谷牧有意避开和"四人帮"有瓜葛的领导，只和纪登奎一起请示了华国锋。华基本同意谷牧意见，但表示要利用晚上在病重的毛主席处值守的时间与共同值守的张春桥谈一谈。

　　次日早上，华国锋打电话给谷牧，说简报的事情按谷牧意见办。谷牧悲壮硬顶，阶段性占了上风。

　　7月24日，中央政治局听取计划工作座谈会汇报。姚文元继续"追风源"，问去年国务院务虚会究竟是怎么回事。谷牧以确切的数字回答："会议讨论如何把国民经济搞上去，由李先念、华国锋主持，实际工作是我做的，因而我到会次数最多。务虚会从6月16日到8月11日共开过13次，每次会议都有记录。"他列举了到会情况，陈永贵到8次，李素文到8次，吴桂贤到8次，唯有邓小平一次也没参加。谷牧以记录和铁的数字回击，让姚文元无言以对，会场上一阵沉默。

　　与这次汇报会相隔不久的一次会议上，张春桥对谷牧说："经济形势不好啊，你要拿出办法嘛。"谷答道："根本问题是生产指挥系统被冲乱了，抓生产的老干部被揪斗，靠边站，新上来的不懂，也没有威信，谁也管不了，谁说也不算数，照这样下去非垮不可。"张春桥说："你把问题看得严重了，缺乏信心。"谷牧并不掩饰内心的窝火，说："按照现在的情况，我是没有办法。"

　　联想到那天晚上华国锋、张春桥在病重的毛主席处值守时的谈话，张春桥居然没有支持王洪文撑腰的"南黄北杨"，可见这位被"四人帮"一伙内定的总理，对中国经济的现状与前景心里是没有底的。

　　1976年7月28日凌晨4时，唐山大地震发生。座谈会驻地有强烈震感。一位老同志向谷牧耳语："趁机散会吧！"谷牧正为计划座谈会如何收场发愁，趁机结束了会议。

1976 年 8 月 4 日，谷牧看望在病床上的陈云，陈云说了四条意见：1. 军队要稳住；2. 坚决拥护华；3. 老一辈要延年益寿（投票时有用）；4. 主席的旗帜要高举。

半生多事，陈云智者成良师。谷牧在日记里称陈云同志的四条是"处世方针"，显示了他们之间的默契。

四十一、在"四人帮"老巢获取重要情报

1976 年 10 月 3 日，谷牧又去看望陈云同志，听其对局势作精辟分析，谷牧在日记中高度扼要地记了八点。

一、团结

二、高举主席旗帜

三、鼓励新手

谷牧日记是珍贵的史料，中间打开的正是 1976 年 10 月 7 日的日记

谷牧（左）参观毛主席纪念堂画展

四、控制二撮子（我理解是不要轻举妄动、等待高层的动作）

五、守住阵地

六、先上两个（叶、李）后上四人

七、要有民主

八、等待时机，要有事件

这次陈云所谈八条与 8 月 4 日谈的四条有差别，谷牧从中看到了未来的希望。两天后的 1976 年 10 月 6 日，陈云所说的"事件"发生了——中央一举粉碎了"四人帮"。

　　1976年10月7日，几乎是在"四人帮"被抓起来的同时，谷牧接受了一项机密任务：叶帅命令他火速设法掌握上海的动向。鉴于上海长期为"四人帮"把持，帮派势力盘根错节，谷牧立即与林乎加、袁宝华等研究，从各部委抽人组织了"抓革命促生产工作组"，由徐良图带队奔赴上海。

　　在给赴沪的工作组布置任务时，谷牧指示曹大澄专门负责收集情报，要他秘密去找老战友王一平协助开展工作。曹大澄建议谷牧写封亲笔信，以便取得信任。

谷牧（左）与王震（右）同志一起看望叶剑英元帅

1978 年 12 月 23 日，谷牧为上海宝山钢铁厂开工剪彩

1978 年，谷牧在唐山重建工地劳动

谷牧与其他领导1978年在唐山重建工地现场办公

谷牧说："是啊，这么大的事，是该有个'虎符'之类的信物。"说完找出一幅黄胄的画，卷起来说："一平很喜欢这幅画，你拿去，就说我送给他的，并有要事托你相告，他就明白了。"

10月8日晚10点钟，曹大澄摸黑到了王一平家。果然，看到这幅画，听曹大澄介绍了抓捕"四人帮"的情况，王一平立刻串联了杨西光、李研吾、李庸夫等一批老同志，相约以曹大澄岳父的朋友、上海海派书画大师程十发家为联络点，以切磋书画艺术为由每天接头交流情况。

王一平深入虎穴，找到一位自己曾培养提拔但又倒向"四人帮"的干部，向其晓以大义、陈明利害，终于促成其反戈一击，戴罪立功。这样就从帮派势力内部撕开缺口，摸清了"四人帮"死党秘密给民兵发枪、组织民兵演练、妄图暴动闹事等违法行径，甚至还获得了他们开会讨论记录的副本。

工作组把了解到的情报用密信、部队保密电话等方式传回北京，由谷牧组织力量编成《上海来信》，报送华国锋、叶帅、李先念等中央领导。截至 10 月 20 日，共报送了 20 期。

四十二、率领中国政府代表团考察西欧

中国的改革开放起始于 1978 年底召开的中共十一届三中全会。而把改革开放确立为基本国策之前，经历了一个考察、讨论、酝酿的过程。

李先念等党和国家领导人一直都非常关心国有大企业的发展。这是 1978 年初，谷牧与李先念（左三）、陈丕显（左四）等在中国第二汽车制造厂

谷牧与邓小平在一起

1977 年，肃清"四人帮"余党的工作基本完成后，1978 年初，经济工作提上了重要的日程。为了借鉴国外经验，加强社会主义现代化建设，党中央和国务院决定让谷牧率团去西欧进行经济考察。

这是我国派出的第一个高级别的政府经济考察团，成员中有 6 位副部（省）长以上领导，他们是水电部部长钱正英、国家建委副主任彭敏、农林部副部长张根生、北京市革委会副主任叶林、广东省革委会副主任王全国、山东省革委会副主任杨波，另外还有 6 位司局级干部李灏、胡光宝等。

出发前，邓小平专门找谷牧谈话，主旨是要代表团广泛接触，详细调查，深入研究问题。谷牧和代表团肩负着党和领袖的期望，肩负着中国人民寻找和创造幸福之路的重托。

从 1978 年 5 月 2 日到 6 月 6 日，谷牧率领的中国政府经济代表团先后访问了法国、联邦德国、瑞士、丹麦、比利时。重点考察：发达国家工农业和科技的现代化水平；五六十年代其经济发展较快的原因；组织管理社会化大生产的经验等。这是谷牧第一次出国访问，他深感中国与西方世界的差距，并认为追赶西方需要有足够的智慧和勇气。他在《谷牧回忆录》里

中国政府经济代表团全体人员合影

1978 年 5 月 2 日，谷牧率代表团抵达巴黎时，在法国总理巴尔陪同下检阅仪仗队

1978 年 5 月 11 日，谷牧受到法国总统德斯坦接见

1978 年 5 月 17 日，谷牧等参观瑞士苏黎世玛格齿轮机制造厂

归纳了三方面的突出印象：

第一，二战以后，西欧资本主义国家的经济确有相当大的发展。科学技术的进步和劳动生产率提高，工人工资和生活福利有了明显改观。这些国家在经济运作、政府调控和对社会矛盾的处理手段等方面都有了新的变化。经济发展早已不再是苏联列昂节夫《政治经济学》中获得的那些老概念。

第二，西欧一些国家对于同中国发展经济关系很有兴趣。照国际交往对等原则，谷牧的会谈对象本应是副总理级别的官

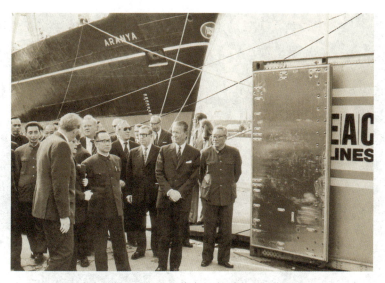

1978年5月26日，谷牧等在丹麦哥本哈根参观造船厂

1978年6月5日，谷牧等参观德意志联邦共和国加斯多福露天矿

访欧期间谷牧等与外国朋友交谈

1978 年 5 月 12
日，中国国务院副总
理谷牧（前左）对瑞
士进行友好访问，受
到瑞士联邦委员兼外
交部长奥贝尔（前右）
的热烈欢迎

员，但所到各国，同谷牧会谈的都是总统或总理一级的人物。拜会法国总统德斯坦时，他开门见山就说对经济有兴趣，法国的东西哪些是中国需要的，法中两国可以在哪些方面进一步发展合作，都可以谈，结果根本没谈到政治。在联邦德国访问巴伐利亚州时，州长卡里在宴会上说，听说你们资金困难，我们愿意提供支持，50 亿美元怎么样，用不着谈判，现在握握手就算定了……这些国家资金过剩，技术要找市场，产品要找销路，都很想同中国拉关系，做生意。

第三，了解到国际上有很多通行的经济关系方式，比如卖方信贷（即延期付款）、买方信贷（我们买东西时贷款付账，以后还贷）、补偿贸易（我们用外方提供的设备、技术组织生产，以后用产品补偿）等等，都属于"今天先拿货，明天再给钱"之类，这些办法不但可以缓解我国外汇支付方面的困难，还可以吸收外国投资或进行中外合作生产等等。

此次考察安排了大量时间参观工厂、农场、城市建设、港口码头、市场、学校、科研单位、居民点等，一个多月马不停蹄，紧紧张张，以至于洗衣服都成了问题，甚至引来大使夫人帮着洗熨。胖胖的建委副主任彭敏累得一上汽车就忍不住打瞌睡，谷牧的心情更加迫切，他一再强调：国家花了外汇，我们应当尽量多看些，多学些。

四十三、考察对中央解放思想影响巨大

美国学者傅高义在其最近出版的《邓小平时代》一书中指出："在 1978 年的所有出国考察中，对中国的发展影响最大的是谷牧所率领的考察团于 1978 年 5 月 2 日至 6 月 6 日对西欧的访问。它和 1978 年 8 月的中共十一大以及同年 12 月的三中

1980 年，谷牧与华国锋、李先念在一起

谷牧与胡耀邦、聂荣臻同志在一起

全会一起成为中国改革开放的三个转折点。"如此高的评价应该来源于作者旁观者清的海外视角，也来源于 30 多年时间的积累和提纯。他紧接着写道："这些备受尊敬的干部们在欧洲的所见所闻和所学习到的东西，以及他们回国后在国务院座谈会上为中国勾画的新图景，使得这次考察产生了不同寻常的影响力。"

1978 年 6 月 22 日，谷牧回国后不久即向党中央、国务院写了正式的考察报告。这份报告真实反映了一批在计划经济时代成长起来的中国专家型领导，对欧洲发达国家及当代资本主义社会的真实观感。报告中的许多想法和建议后来被不断采纳、完善，并逐渐成为中国改革开放的政策和法律。

1978年6月下旬，由中共中央主席、国务院总理华国锋主持，党中央、国务院听取了谷牧出访西欧5国的详细汇报。党中央、国务院主要领导叶剑英、聂荣臻、李先念、乌兰夫、王震等都到场，对谷牧的汇报作出了热烈的积极响应。会议从下午3点半开到晚上11点，历时七八个小时。

到会的中央领导都作了讲话或插话。叶帅从战略上强调："我们同西欧几十年都没有打过仗，他们希望中国成为世界稳定的力量，我们需要他们的先进技术。他们资金过剩，技术需要找市场，引进技术的重点应放在西欧。"

聂帅态度坚决地说："过去我们对西方的宣传有片面和虚伪之处，这反过来又束缚了我们自己。谷牧这次调查比较全面，可以说该看的都看了，需要引进什么，从哪个国家引进，应当拍板了！不能光议论了！"

1978年7月上旬，国务院召开有各部委负责干部参加的关于加速四化建设的务虚会。会议开了20多天。谷牧与会报告了考察西欧的情况，他敞开思想谈了自己的意见：我国要老老实实承认落后了，与世界先进水平拉开了很大的差距。我们怎么赶上国际先进水平？怎么搞现代化？怎么把速度搞快些？很重要的一条就是狠抓先进技术的引进。国际形势提供了可以利用资本主义世界的科技成果来发展我们自己的机会，一定要抓住它。

谷牧强调：在发展对外经济关系上，必须解放思想，多想点子，开拓路子，绝不能自我封闭，自我禁锢，贻误时机。

这次会议是在全民大讨论"实践是检验真理的唯一标准"的声浪中进行的，各部部长都发了言，发展速度成为大家反复探讨的重点。一系列重要思路被打开，包括正确运用价值规律、改革经济体制、坚持按劳分配、发展农村多种经营等等。特别对如何加强技术引进，扩

报送中央领导审核的《中共中央、国务院关于成立国务院进出口领导小组的通知》初稿，上方为谷牧手迹

大外贸出口，采取灵活方式利用国外资金等，讨论得很热烈，这些成果很快就凝聚到党的十一届三中全会作出的伟大战略决策之中。

1978 年 10 月 22 日，邓小平出访日本，在参观日产汽车公司中得知，日方与中国最先进的长春一汽的人均年产量比例是 94：1，受到深深震动。他感慨地说："我懂得什么是现代化了。"

请李副主席审阅后印报华主席，各副主席，
政治局在京同志，各副总理，财经委员会各同志。

谷 牧

七月二十日

（李副主席已圈阅）

关于筹组进出口委员会和外国投资
管理委员会的请示报告

中央和国务院决定成立"中华人民共和国进出口管理
委员会"和"中华人民共和国外国投资管理委员会"。这
两个委员会，是一个机构，两个名称。撤销原国务院新技
术引进领导小组和进出口领导小组。现将这两个委员会的
任务、机构、人员编制等问题，报告如下：

（一）进出口管理委员会和外国投资管理委员会的主

—1—

谷牧报中央的《关于筹组进出
口委员会和外国投资管理委员会的
请示报告》

这时在党和国家的决策
层，对于向发达国家学习已
经形成了共识（当然认识的深
刻程度不一）。对进出口工作
的重视，已经超越创汇这个
功利性的目的，对外开放的
国家战略开始形成。

1979 年 2 月，中央组建
国务院进出口工作领导小组，
余秋里任组长，方毅、王震、
陈慕华、王任重、谷牧、康
世恩任副组长，重大方针、
政策、规划问题由领导小组
集体审议，日常工作由谷牧
全权负责领导。由七位副总理组成一个小组，简直就是内阁之
中的一个"内阁"，可见发展对外经贸成为国家的重中之重。

同年 6 月，中央觉得这个工作机构还不够有力，遂将小组
撤销，成立中华人民共和国进出口管理委员会和中华人民共和
国外国投资管理委员会，两块牌子，一套机构，谷牧任主任。
他精选了一个班子，由汪道涵、周建南、马宾任专职副主任，
后又陆续增加江泽民、魏玉明、周宣城、卢绪章等，还聘请荣
毅仁、雷任民、孙起孟、孙晓村、钱昌照、孙越崎、缪云台、

古耕虞等经济界耆宿为顾问。

　　实践证明，这是一个精英团队，在中国改革开放的历史上发挥了重要作用。而这个承前启后、阵容强大的班子的亮相，也预示了开放的中国将走上经济快速发展之路。从这个团队中，后来产生了一位中共中央总书记、国家主席、中央军委主席——江泽民。还产生了一位中共中央常委、常务副总理——李岚清（曾任进出口委外资局局长）。还有多位省、部级领导。

　　1985 年 5 月 31 日，原国家进出口管理委员会和国家外国投资管理委员会部分领导合影(从右至左：李岚清、周建南、江泽民、谷牧、魏玉明、李灏)

四十四、国家领导层借用外脑促开放

长期的经济封锁，十年的动乱封闭，使我国对外界事务缺乏深入的了解，对国际上的经济运作更缺乏研究。因此，如何把握世界政治、经济的脉搏，借鉴外国经济发展的经验和知识，成为中央领导非常关心的问题。

1986 年 7 月 31 日，谷牧与日本前外相、日中经济知识研究会创办人之一大来佐武郎联手题词

1986 年 7 月 28 日，谷牧与夫人牟锋在北京钓鱼台国宾馆会见日本客人大来佐武郎及夫人大来寿子一行

谷牧向邓小平提出：可否聘几位世界名人给我们当顾问，这样可以少走弯路。邓小平表示赞同，后经中央批准，中国聘请了联邦德国的古托夫斯基、日本的大来佐武郎和向坂正男三位先生。再后来，又聘请新加坡的李光耀、吴庆瑞等人为我国的经济发展顾问。

1979 年 1 月，春节期间，谷牧在钓鱼台国宾馆主持了一个座谈会，我方出席的是国务院几个主要部门的负责人，日方出席的是应邀来华的大来佐武郎、向坂正男及他们的助手小林

向坂正男在吐鲁番骑上毛驴，谷牧副总理（左一）与向坂牵手

实。日方重点介绍了经济发展的几种模式及其利弊，讲了能源和基础设施的资金筹措方式与经验。这是外国高层人士给我国经济部门负责人讲的第一堂启蒙式的经济课。

1979年秋，大来佐武郎被任命为大平正芳内阁的外务大臣。按日本的惯例，内阁官员不得任外国经济顾问。后经协商与变通，1981年成立了由双方官员、专家、学者组成的中日经济知识交流会，任务是进行知识、信息交流和政策咨询。日方以大来佐武郎为顾问，向坂正男任代表，成员有日本经济高速增长期的一批设计者和智囊人物。中方以谷牧为顾问，社科院院长马洪任代表，成员有薛暮桥（国务院发展研究中心名誉主任）、房维中（国家计委常务副主任）、朱镕基（国家经委副主任）、李灏（国务院副秘书长）、沈觉人（外贸部副部长）、高尚全、廖季立（国家体改委副主任）、李景昭（建设部副部长）、刘鸿儒（中国人民银行常务副行长）、孙尚清（国务院发展研究中心主任）、浦山（中国社科院世界政治与经济研究所所长）等。双方商定每年召开一次年会，轮流在中国和日本召开，不对外，不见记者，关门潜心就中国的经济发展问题深入研讨。到 2008 年，该会已举办了 29 届。

谷牧与国外一些著名企业家也保持着良好的关系。聘请外

谷牧、薛暮桥（左三）与古托夫斯基教授合影

国顾问这件事就是 1978 年宝钢项目在上海开工时，谷牧与新日铁董事长稻山嘉宽交谈时提出来的。

借用外脑还具有象征意义，在海内外产生了广泛影响，外国朋友都说中国能聘请大来佐武郎这样的政治家和经济学家做顾问，说明中国真的开放了，真的要与世界经济的发展相融合。

1979 年下半年，联邦德国的古托夫斯基应邀来访。他是联邦德国最高顾问委员会五位成员之一，在国务院的大型报告会上主讲了联邦德国战后走市场经济道路的成功做法和经验，回答我方各部委提出的问题，后来还给经济界、学术界做了一系列专门讲演。

谷牧指出："现在谈到智力引进，人们一般都指的是科学技术和普通的经济管理知识及人才的引进，其实，国家领导层借用外脑是更大的智力引进，可以使整个国家少走弯路。"这是一个郑重的、非常有价值的告诫。

四十五、不怕欠账，有重点地吸收贷款

1978 年 6 月，在谷牧率团考察西欧回来向中央政治局的汇报会上，议到加强技术引进工作时，提出了付款问题。当时谈得比较多的是如何利用中国银行在国外吸收的外汇存款。谷牧提出可按国际通行办法，采取多种方式。会后不久，邓小平给了谷牧以支持。他说："引进这件事反正要做，重要的是争取时间。可以借点钱，出点利息，这不要紧，早投产一年半载，就都赚回来了，下个大决心，不要怕欠账。"接着，在 7 月国务院务虚会上，对利用西方国家的贷款和吸收外商投资基本上形成了共识。

此后相当长一段时间，谷牧把主要精力都放在了吸收外国、外商的贷款和投资的具体操作方面，在改革开放初期，尤以与日本的接洽为主。

1978 年 8 月，中国接到日本对华友好人士木村一三先生传来的信息后，向日本政府提出"海外协力基金"贷款申请。1979 年 9 月，谷牧率团访日，签署了日本政府支援中国现代化建设所提供的第一批贷款 500 亿日元（当时约折合 2.3 亿美

　　1982 年 12 月，中日政府成员会议在日本召开。谷牧在会上致辞。中国方面出席会议的有副总理兼国家外国投资管理委员会主任谷牧、副总理兼外交部长黄华、国家经济委员会主任袁宝华、国家基本建设委员会主任韩光、对外贸易部部长郑拓彬、农业部部长林乎加、财政部部长王丙乾、国家计划委员会副主任段云、国家进出口管理委员会副主任甘子玉及驻日本大使符浩等。日本方面出席会议的有外务大臣樱内义雄、大藏大臣渡边美智雄、农林水产大臣田泽吉郎、通商产业大臣安倍晋太郎、运输大臣小坂德三郎、经济企划厅长官河本敏夫及驻华大使鹿取泰卫等

元）。这是我国政府改革开放后获得的第一笔外国政府长期低息贷款。用于安排石臼所港口、京秦铁路、兖石铁路、秦皇岛港口二期工程、衡广铁路大瑶山隧道和五强溪水电站这六项基础设施建设。这些重点项目都是精选的，其中也考虑到了日本方面的需要，如石臼所港口的大型煤码头就可用于对日本出口

煤炭。

1980 年，谷牧作为"中日阁僚会议"中方首席代表，经过商谈，得到了 560 亿日元的贷款（当时约折合 2.6 亿美元）。

从 1979 年到 1983 年，中国向日本政府贷得 3390 亿日元，1984 年到 1989 年又贷得 4700 亿日元。在中国使用的外国政府贷款中，日本是一个大的户头。

中国使用国外贷款的来源不断扩大。1980 年谈成科威特阿拉伯基金会的一笔 4360 万第纳尔贷款、比利时一笔 9 亿比

谷牧会见日本首相大平正芳

谷牧向日本前首相田中角荣（左一）赠送礼品

1979 年 12 月 16 日，谷牧与日本樱内义雄外相分别在会谈纪要上签字

利时法郎的贷款。

1979 年，中国开始为恢复中国在世界银行暨国际货币基金组织中的成员国席位、为争取使用世界银行贷款而努力，谷牧被指定为指导小组负责人，并指挥国家外国投资管理委员会协调这方面工作。

谷牧在回忆录中说："由于我国教育事业'欠账'太多……外资委与有关部门商量后……提出如世界银行能提供贷款，首先用于教育的

日本《国际开发》杂志 1980 年 5 月号以谷牧做封面人物

建议……"1981 年 4 月，由国家外国投资管理委员会、财政部、教育部、中国银行组成的政府代表团赴美国与世界银行进行谈判，并签订了我国与该行的第一个贷款 2 亿多美元的协议，有效地改变了我国大学教学、实验设备陈旧落后且严重不足的局面，使近 200 所高校教学科研条件得到了很大改善和提高。

世界银行对中国的支持还体现在协助培养人才方面。外资委除组织有关方面的同志分批到世界银行的国际经济学院进行培训之外，还在世界银行的安排下组团到巴基斯坦、菲律宾、

泰国考察利用世行贷款的程序、发挥贷款效益等一系列问题。一批熟悉利用国际贷款业务的干部成长起来，除保障顺利完成世行贷款的项目外，对我国利用其他国际贷款也发挥了重要作用。

四十六、鼓励外商到中国投资

1978年7月国务院务虚会后，吸收境外客商投资的工作就开始了。当时的主要合作方式是双方共同出资、共同经营、共享权益、共担风险，不造成债务负担，相比于使用外国贷款利多弊少。

谷牧抓紧时间起草、制定了《中外合资经营企业法》（草案），主要针对中外合资或合作这种契约式经营方式中的两个问题：一个是企业所得税税率。几经研究，定为30％，加上地方所得税3％，共33％，略低于东南亚多数国家和地区。另一个是规定外商投资比例。起

谷牧对国务院引进新技术领导小组办公室编辑的《引进新技术情况简报》1979年第二期所载《与美国"通用"汽车公司谈判合资经营重型汽车厂的情况》一文的批示："拟同意，请秋里、耿飚、方毅、王震、世恩、慕华同志批。"

引进新技术情况
简 报

第 三 期

国务院引进新技术
领导小组办公室

一九七九年一月二十四日

**与外资合营汽车厂、
零部件厂的若干方针问题**

与外资合营汽车厂，有两个项目正在洽谈，重型汽车
厂已接触了西德的"奔驰"、美国的"通用"、法国的
"贝利埃"等三个公司。小轿车厂已接触了美国的"通
用"、法国的"雪铁龙"、"雪诺"以及德国的"大众"
等四个公司。当年末，一汽部，引进亦约请了国内有关领

——1——

国务院文件传批单

初参照印度等国的做法，拟限定外商对一个项目的投资比例最多不超过49%，后荣毅仁提出我国的问题是要鼓励外商投资，故应反过来规定最低投资比例。吸收了这个建议，出台了关于外商投资不得低于25%的规定。

1979年7月1日，第五届全国人民代表大会第二次会议通过《中华人民共和国中外合资经营企业法》，7月8日颁布施行。吸收外国客商、海外侨商、港澳台同胞到我国大陆投资办企业，从此肇始。从当年7月到年底，虽然合资项目全国总共才批准了6个，协议外商投资金额才810万美元，但这毕竟是迈出了第一步。1979年其他形式的利

1979年1月，重型汽车公司筹备处负责人李岚清向国务院引进新技术领导小组办公室写的简报及中央领导同志批示同意的文件影印件

用外商投资有了相当可观的进展。比如签订中小型补偿贸易项目 140 多项、来料加工装配项目 2000 多项。而外商独资经营的企业到 1981 年才出现。

1979 年，谷牧陪同丹麦女王玛尔格雷特二世和亨利亲王夫妇游览黄浦江。从左至右为：彭冲、玛尔格雷特女王、亨利亲王、谷牧、牟锋、王一平

四十七、实行外贸体制大改革

直到改革开放之前，我国实行了近 30 年的外贸体制都是依照苏联经验，由外贸部及其所属各专业进出口公司统一经营。1979—1981 年这三年间，谷牧主持国家进出口委（前身是进出口领导小组），针对原有的弊端，对我国外贸体制进行了大刀阔斧的改革。

一、将原来的进出口由国家垄断、一年一次计划、两次广交会，改为赋予一些地区和部门部分商品的进出口经营权；开辟新的外贸渠道，批准京、津、沪三个直辖市和广东、福建、辽宁三省成立地方为主的外贸进出口公司；授予冶金、机械、兵器、航空、船舶等部门以进出口权；同时调整口岸专业分工，使货物能够由产地就近出口。

二、将原来的购销由国家包揽、产销不见面、工贸不结合，改为后来的组织多种形式的工贸结合。比如首先由上海的玩具和医药方面开始，组织形成新的工贸联营体，统筹安排生产和外销。

三、将原来不能调动各方面积极性的国家专营，改为多渠道的经营，并制订了若干协调管理的办法。仅 1980 年和 1981 年两年，就下达过 15 个规定，包括"出口工业品生产专项贷款办法""出口许可证制度暂行规定""客户管理办法""外贸专业公司与省、市、自治区外贸公司出口商品经营分工规定""出口工业品专厂管理办法""农副产品出口生产基地管理办法"等。

四、将原来的国家统包盈亏，吃"大锅饭"，效益差的经济核算方式，改为后来的提高地方出口外汇留成比例，一般

1981 年 4 月 6 日至 10 日，中国国务院副总理谷牧访问西班牙。4 月 6 日，谷牧同西班牙政府首相卡尔沃·索特洛举行会谈

省、市定为 10%，广东、福建为 25%，各少数民族自治区还执行过留成 50% 的规定。

改革的推动使我国外贸出口由 1978 年的 97.5 亿美元，跃为 1981 年的 220 亿美元，3 年增长了 1.25 倍。

实行多渠道经营后，放权松绑带来活力的同时，有的地方出现了自相竞争、削价促销的情况，使谷牧感到很大压力。这时，党中央和国务院领导支持他，明确指出：有问题可以讨论解决，但不能搞小动作。

1981 年 7 月 15 日上午，邓小平找万里、姚依林和谷牧谈利用外资搞中长期骨干项目问题时，对谷牧说：要加快外贸改革的进度，要由"你那个委员会（指国家进出口委）统一对外"。于是谷牧组织进出口委起草一个《汇报提纲》，集中了 1979 年以来的进展情况，对如何进一步推进提出了意见。

7 月 23 日，中央书记处讨论对外经济贸易工作。胡耀邦和书记处的多数成员都到了，国家计委、进出口委、外贸部的负责人列席会议。谷牧依据《汇报提纲》汇报完毕后，又强调了两点：一是出口工作要有一个较大的发展，首先要抓精神状态，解放思想，放开手脚，抓货源，抓生产基地，抓经营管理，抓体制改革，抓政策配套，不能坐等人家上门，必须走出去做生意。二是积极利用外资，这是发展国民经济的一个突破口。对这个问题，党内认识还没有完全一致，要进一步统一认识……中小型项目可以放开一些。

到会的中央领导同志都表示赞成《汇报提纲》和谷牧的意见，展开了热烈讨论，谷牧总结了以下五条：

第一，要把对外经贸工作提到战略高度来认识……要学会两套本领，既要有国内工作的本领，又要学习开展国际经济交往，走向全世界。在引进问题上，要准备付一点学费，一个时期吃一点亏不可免，重要的问题是争取时间、速度。

第二，对外经贸工作要解放思想……今后中国经济建设不能再走闭关自守、自给自足的道路。这是一个基本方针，要坚决定下来。

第三，积极稳妥地利用外资，即使付点利息，但可以买得时间，不能顾虑重重，方式上应向合资、合营发展。

第四，积极扩大外贸出口。扶植外贸出口，外贸出口增长要高于国民经济增长的幅度。

第五，发挥两个积极性……鼓励那些能够开拓局面的同志，批评那些评头品足、拉后腿的人们。否则，拨乱反正没有希望，我们的事业没有希望。

四十八、香港招商局最先发动办工业区

建立经济特区是我国改革开放的重大举措之一，它牵涉到体制和机制的综合改革，过程显得更加曲折和复杂。党的十一届三中全会开过后，刚刚苏醒的中国抬头向洋看世界，激发了改变命运的激情，迫切渴望加速现代化建设。

当时世界上有 80 多个国家和地区设立了 500 多个出口加工区、自由贸易区、自由港，有效地开展对外经济贸易和技术交流。这启示人们思考：我国沿海某些地区，是否也可以借鉴这种做法，以加强国际经济交往，促进国内建设。

在中国百年企业史中，招商局是天字第一号大企业，由李鸿章于 1872 年创办。1978 年 10 月 9 日，招商局第 29 任董事长袁庚为中共交通部党组起草了一份《关于充分利用香港招商局问题的请示》上报中央。他大胆提出："立足港澳，背靠国内，面向海外，多种经营……"

1978 年 10 月 12 日，这份请示获得党中央和国务院的批准。中共中央副主席、国务院副总理李先念批示："只要加强领导，抓紧内部整顿……手脚可以放开些，眼光可以放远些，可能比报告所说的要大有作为！"

受到鼓舞的交通部领导与招商局上下互动，经过调查研究后，准备在毗邻香港的宝安县搞一个工业区。这个想法得到了广东省刘田夫、王全国、曾定石等领导的支持，形成了《关于我驻香港招商局在广东宝安建立工业区的报告》，于1979年1月6日由广东省革委会予以签发上报。

1979年1月31日上午10时至11时45分，李先念、谷牧接见了交通部副部长彭德清和袁庚，并听取了关于招商局建

1984年4月，谷牧听取香港招商局常务副董事长袁庚汇报深圳蛇口工业区开发建设情况

227

立广东宝安工业区问题的汇报，李先念在地图上画了一个圈，要把深圳南头半岛 30 平方公里土地交招商局开发。袁庚惊骇道："怎么敢要这么多？"最后只要了南头半岛南端的蛇口，面积 300 亩。

李先念问谷牧：对招商局这个报告你看怎么办？谷牧说：你批原则同意，我去征求有关部门的意见好了。

李先念爽快地表态："好，我批。"说着在《报告》上作出批示：拟同意。请谷牧同志召集有关同志议一下，就照此办理。

1979 年 2 月 2 日，谷牧在国务院九号院召集有关部委领导人商谈具体落实招商局在广东建立工业区的问题。谷牧开宗明义："在这里建工厂当然要得到特殊待遇，除地方行政按国内一套办，在经济上要搞点特殊化，就是要享受香港待遇，进出自由。"

袁庚简略介绍了前天向李先念、谷牧汇报的情况，说我们可以充分利用广东省毗邻港澳和土地、劳力优势，利用香港及外国的资金、技术、专利、全套设备……将两者结合起来，这样我们就有了内地和香港两方面的有利因素，排除了在香港办厂的不利……工厂的管理完全用香港的办法办，由招商局管理，产品从香港出口偿还外债和外商投资……这个工业区的建成不用财政部、银行一个钱，只要求财政部 10—15 年免税，以后全部交给国家。袁庚的话引起热烈议论。

最后，谷牧果断拍板："不要再议论了，原则已定，大家要支持。总共就这么 300 亩这样的一块地方，交通部先走一步，试一下，现在就'照此办理'（指先念同志的批示）起来。"

四十九、广东省委提出全省办加工区

1979 年 1 月 8 日至 25 日的广东省委常委扩大会议上，省委第一书记习仲勋提出："利用外资，引进先进技术设备。搞补偿贸易，搞加工装配，搞合作经营。"省委书记王全国建议向中央写报告，建议"在全国体制未解决之前，要求在广东作些特殊规定，放给更大权力"。

1979 年 2 月 21 日，广东省委副书记吴南生受省委委派在他的家乡汕头传达十一届三中全会精神，产生了办类似台湾出口加工区的想法，并以报告形式向省委提出了建议，得到了省委书记习仲勋的支持，说："要搞，全省都搞。4 月份中央开工作会议，赶快准备一下，向中央打报告。"

在 1979 年 4 月中央召开的讨论经济建设的工作会议上，广东省委书记习仲勋在中南组发言。他说："现在中央权力过于集中，地方感到办事难，没有权，很难办。接着他提出：'广东邻近港澳，华侨众多，应充分利用这个有利条件，积极开展对外经济技术交流。这方面，希望中央给点权。让广东先走一步，放手干。'"

邓小平等中央领导同志对这个设想表示赞同。为此，党中央、国务院责成谷牧帮助广东、福建两省省委、省政府进行研究论证，提出具体实施方案上报中央。

改革开放的突破首先发生在广东，这是有历史渊源的。谷牧说："四个经济特区所在地理位置原本就接近古代海上丝绸之路的起点（元代的泉州、明清两代的广州），有深厚的海洋文化传统，又有众多华侨，他们是联系海内外的纽带……"

20 世纪 50 年代叶帅主政广东时，考虑到为了打破帝国主义对中国的封锁，应充分发挥华侨的作用，广东实行过一些特殊的政策，保护华侨的资产，也充分利用香港这个自由港。比如方方同志就将广东省掌握的一大笔资金交爱国华侨庄世平先生，在香港创办了南洋商业银行。

50 年代的实践，给广东留下了长远的影响。吴南生"文革"前就曾负责过广东省和港澳方面联系的工作，在香港广交朋友。如南洋商业银行的董事长庄世平先生、《大公报》的总编费彝民先生等。他们深谙港澳，了解其法律制度和海外的经济状况。吴南生从他们那里收集信息、受到启发。

五十、邓小平提出：还是叫特区好

　　1979年4月下旬，在中央召开的专门讨论经济建设的工作会议上，广东省委第一书记习仲勋等同志向邓小平汇报时提出：希望中央下放若干权力，让广东在对外经济活动中有较多的自主权和机动余地；允许在毗邻港澳的深圳和珠海以及重要

1979年5月26日于广州小岛宾馆，左起：甘子玉、牟锋、谢明、段云、刘田夫、谷牧、习仲勋、王全国、贾石

1979年5月31日，国务院副总理谷牧一行参观福州鼓山合影。前排左起：蔡良承（福州市委第一书记）、廖志高（福建省委第一书记）、谷牧、段云（国家计划委员会副主任）、马兴元（福建省省长）、牟锋、郑瑛（廖志高夫人）、郑惠兰（马兴元夫人）。后排左起：第二人胡光宝（谷牧秘书）、第三人毕际昌（福建省副省长）、第四人郭超（福建省副省长）、第五人小袁（谷牧警卫员）、第七人王志强（段云秘书）

侨乡的汕头举办出口加工区。具体叫什么名字，有的叫"出口加工区"，有的叫"自由贸易区"，有的叫"投资促进区"，一时还在讨论中。邓小平同志十分赞同这一设想。他说，还是叫特区好，陕甘宁开始就叫特区嘛！中央没有钱，可以给些政策，你们自己去搞，杀出一条血路来。他向中央倡议批准广东这一要求。中共中央、国务院根据小平同志的意见，责成广东、福建两省进一步组织论证，提出实施方案，并与谷牧一起具体研究，把此事抓紧抓好。

1979年5月11日至6月5日，谷牧率国务院工作组前往广东、福建做调查。在广东与习仲勋、杨尚昆、刘田夫、吴南生、王全国、曾定石、梁湘等展开座谈，还约见港澳工委书记王匡，到福建会见廖志高等。此外，还专门去看望了当时在广东的叶帅。

经过反复研究，谷牧与两省省委理出了这样一个思路：粤、闽两省要把潜在的经济优势发挥出来，必须对经济体制进

1980年3月，谷牧等人在肇庆七星岩合影。左起：刘田夫、许世杰、谷牧、段云、甘子玉

行改革，改变过分集中的计划经济体制，调动地方的积极性。据此拟定了几项重要措施，并帮助两省的同志起草了向中央的请示报告。

中共中央、国务院于 7 月 15 日批准了这个报告，决定广东福建两省实行"特殊政策、灵活措施"，并批准举办深圳、珠海、汕头、厦门四个经济特区。这项重大举措的出台，显著提高了人们的开放意识，启动了通过政策实行开放的进程。从此"特区"一词成为改革开放中最响亮的专用名词。

五十一、谷牧敲定:"出口特区" 改为"经济特区"

由谷牧组织实施的沿海对外开放,可以用"谨慎推进、步步为营"这八个字来概括,步履维艰但都走得非常扎实,每一步都会有一个中央文件或人大的法律性文件归纳总结。

1979年7月15日,党中央以中央文件的形式批准对广东、福建两省对外经济活动实行特殊政策和灵活措施,给予更多的自主权,使之发挥优越条件,抓紧当前有利的国际形势,先走一步,把经济尽快搞上去,涉及下放中央直属的企事业单位给省管理、财政体制实行大包干、扩大外贸权限、允许独立吸收侨商和外商投资、允许物资和商业体制运用市场机制、在劳动工资和物价管理方面扩大省级的权限、在省内举办特区等各个方面。

当时,在计划经济体制之下,中央许给广东、福建两省的这些特殊政策,组织实施工作非常繁复,需要说服中央各个部门。1979年下半年,谷牧肩挑两头,在北京和两省来回跑,一点一点地把这项艰难的工作推向前进。

1979 年 9 月 20 日，谷牧再次来广东。22 日，谷牧与省委负责人谈话。当习仲勋等询问中央这次是小搞、中搞还是大搞时，谷牧强调说："中央是要广东先行一步，要广东大搞，小脚女人走就起不了这个作用。广东要快马加鞭，抢时间走在全国的前面。""办特区，就看你们广东的了，你们要有点孙悟空大闹天宫的精神，受条条框框束缚不行。"

1980 年 3 月 24 日至 30 日，谷牧受中央委托在广州主持召开两省工作会议，检

现在是觉醒的时候了·

（一九七九年五月十六日）

谷 牧

今天下午在中山故居听了孙中山五十四年前的一段讲话录音，今晚又听了你们的汇报，很有感触。澳门五平方公里这么小的地方，有三十五万人口，加上香港共五百万人口，而广东有着五千多万人口。澳门原来也很落后，有的是赌场，现在发展起来了。对比之下，我们落后了。不要说我们全国九百六十万平方公里土地，就拿广东来说，我今天经过顺德、中山，看到这么好的土地，这么好的资源，这么富的广东，也完全可以利用这个有利条件，多赚外汇，发展我们的经济。在这方面我们显得落后。孙中山的话很有启发，对我们有鞭策。如果还在"睡觉"，就看不见问题，如果"醒"了，就看到问题。看了你们这里的形势，更加觉得中央下决心解决广东的体制问题十分必要。如果现在再不下决心，就象孙中山所说的，我们确实是在"睡觉"了。我们不能再"睡觉"了，要"醒"过来，来一个大转变。先从小范围搞起，这没有多大危险性。

· 这是谷牧同志在珠海市视察时同省、市负责同志的谈话要点。

14

1979 年 5 月 16 日，谷牧在珠海参观了孙中山故居后，同省、市负责同志发了一番感慨，由当地整理成《现在是觉醒的时候了》一文

查总结中央 50 号文件的贯彻和执行情况。会前由时任国家进出口委副主任江泽民带一个先遣组前往广东调研。会议坚持肯定成绩，直面不足，广开言路，使"条块都把问题摆在桌面上，并展开了热烈的讨论。经过半个月的研究，大家在许多问题上取得了共识，较好地协调解决了中央有关部门和两省条块之间的关系，进一步松绑放权，以利两省真特殊，真灵活，真

先走"。

会议还讨论了"出口特区"这个名称，认为难以概括所设想的功能和作用。谷牧当下拍板，改"出口特区"为涵盖面更宽的"经济特区"。

谷牧在《回忆录》中谈到："在我们社会主义国家里举办经济特区，马列主义经典里找不到，是史无前例开创性的社会经济实验。因此，会上对特区建设的方针做了详细的研究。"这次会议讨论内容形成纪要，当年 5 月 16 日，中央以中央文件批转全国。

1980 年 7 月 27 日，一场大暴雨使罗湖泛滥，把省委书记吴南生和前来参加深圳城市规划的专家们淹至腰际。但根治罗湖水患需巨额资金，而深圳还没有条件向国外贷款。吴南生深感"巧妇难为无米之炊"，于是找到谷牧，提出没有"酵母"做不成面包，问能不能给点国家贷款作为"酵母"？

谷牧当即答应，并询问用途及还贷方法，后帮助贷款 3000 万元。吴南生喜出望外，对谷牧说，有了"酵母"，特区的建设可以不用国家的投资了，开发后，可以拿出 40 万平方米土地作为商业用地，每平方米土地投资成本 90 元，收入 5000 港元，总计可以收入 20 亿港元左右。

这便是深圳经济特区"以 3000 万贷款启动"之说的由来。

五十二、全国人大通过《广东省经济特区条例》

　　早在 1979 年，谷牧就与广东、福建两省有关领导着手组织起草法规性文件。委托两省各搞一个初稿。1980 年 7 月下旬，起草法规性文件的工作到最后阶段，广东省秦文俊、福建省蔡

1980 年 3 月，谷牧主持广东、福建两省工作会议

谷牧与江泽民同志在一起

长今各持本省的"特区条例（草稿）"来到国家进出口委，在当时的专职副主任江泽民的主持下进行讨论。

会上否定了福建草案，留广东草案作修改蓝本，先后 13 易其稿，斟酌修改达到逐字逐句的程度。如"地价""地租"的提法与我国土改后的局势不适应，改为"土地使用年限"和"土地使用费"。经过两个来月的工作，终于形成了一个 6 章 26 条款的法律文件，只待报请审议批准。

1980 年 8 月 21 日，第五届全国人大常委会第十五次会议召开，叶剑英委员长主持，谷牧副总理列席，江泽民副主任受托作《广东省经济特区条例》的说明，特别指出由于我们办经济特区缺少经验，一下子拿不出一个总的经济特区条例来，因此先搞一个《广东省经济特区条例》，请予审议批准。

1980 年 8 月 26 日，《广东经济特区条例》在叶剑英支持下获得通过。我国对外开放、经济体制改革以国家法律形式宣告经济特区的正式诞生。

五十三、四个经济特区破茧而出

《广东经济特区条例》通过后，国务院陆续批准深圳、珠海、汕头、厦门四个经济特区的位置和范围，至 1993 年，深圳定为 327.5 平方公里，珠海 121.3 平方公里，汕头 234 平方公里，厦门 131 平方公里。

深圳特区，当时就考虑到其毗邻香港，是我国南方陆路外运的重要通道，对外经济联系的条件最好，有可能发展最快，因此面积有意划得最大。交通部香港招商局在蛇口投资办的工业区，也划入特区。蛇口工业区在 1979 年 5 月破土动工，首期开发 1 平方公里。在施工中引进国外先进管理经验，提出了后来成为改革经典语录的"时间就是金钱，效率就是生命"的口号，创造了较快的速度和较好的效益，以后被誉为"蛇口模式"。深圳通港罗湖口岸所在的罗湖区是深圳开发最快的地区。1979 年 8 月拉开序幕，挖掉罗湖山填平罗湖洼地，集中力量搞"七通一平"。除投入部分地方财力外，主要使用银行贷款，负债经营，滚动发展，并引进竞争机制，实行工程设计和施工招标承包，取得了高速优质的成果。

谷牧与珠海的"开荒者"合影

1980 年 12 月，谷牧在深圳考察时与工人亲切交谈

珠海特区，起初划定三片，合计 6.81 平方公里。其建设从旅游业起步。1980 年 1 月动工的第一家中外合资经营珠海石景山旅游中心，于当年 8 月建成开业。借鉴国外希尔顿酒店的管理经验，微笑待客，礼貌服务，顿时声誉鹊起，成为实行改革开放后宾馆、酒店改变服务面貌的样板。

汕头特区，最初批准建设的是龙湖片 1.6 平方公里，以发展出口加工业为主。按照中央关于特区建设要有先有后的部署，1982 年下半年正式动工。

厦门特区，国务院 1980 年 10 月批准在厦门岛湖里村一带设立经济特区，划定面积 2.5 平方公里，首期开发 1 平方公里。在福建省办特区究竟办在哪里，曾经历多次酝酿比较，敲定得迟了些。厦门特区初期的建设，主要是新建高崎机场和扩建东渡港深水码头。湖里区的基础设施建设，于 1982 年初才破土动工。

为了加强对经济特区的领导与管理，1980 年 9 月至 10 月，国家进出口委员会安排副主任江泽民带队出访考察，先后考察了斯里兰卡、马来西亚、新加坡、菲律宾、墨西哥、爱尔兰 6 个国家的 9 个出口加工区、自由贸易区、工业公园。还到日内瓦，与通过联合国组织邀请的十多位专家座谈。考察组将外国经济类特区的基本经验归纳为五条：一、立法比较健全，可操作性强；二、开发建设有总体规划，从小到大逐步建设；三、管理机制灵活，地方和企业有很大自主权；四、注重人才培训，提高劳动者素质；五、政策优惠，广以招商。考察组回国后，将考察结果向党中央、国务院做了汇报。

五十四、特区建设的 10 条指导意见

1981 年 5 月 27 日至 6 月 14 日，谷牧在北京主持召开广东、福建两省工作会议，除两省的主要领导人任仲夷、项南等外，还邀请了多位经济学家参加。这次会议主旨是对我国经济特区这一新生事物在指导思想、基本方针和重要政策等方面的反思与校正。会议提出了 10 条系统的意见，写成了《纪要》，于 1981 年 7 月 19 日，以中央文件批转下达，为改革开放中的特区制定了具体操作的规范。

10 条意见的扼要归纳是：

——特区的规划和建设要因地制宜，各有侧重，注重实施。

——海关对特区进口自用的货物、商品，实行特殊的关税优惠。

——特区对外商出入手续实行简化，给予方便。

——特区改革劳动工资制度，用工实行劳动合同制。

——特区的对外贸易可经营各省、市、自治区批准的进出口业务。

20世纪80年代初，中央部分领导同志的合影。左起：习仲勋、方毅、谷牧、杨得志、胡耀邦、万里、姚依林、余秋里、王任重

——特区货币以人民币为主，外币限在指定范围内使用。

——特区建设资金可多方筹措，主要利用外资，特区土地开发收入可全部本地留用。

——特区的某些基础设施建设允许外资参与。

——建设特区与非特区的隔离管理线。

——特区可以经授权后制定、执行经济特区的单行性法规（全国人大常委会于 1981 年 11 月通过决议，对广东省和福建省人大授权）。

1980年，谷牧在中共十一届五中全会上

五十五、特区面临最大的思想风浪

改革开放初期，国内商品匮乏的问题严重凸现出来。20世纪70年代末期，电视机、录音机、计算器、优质布料等，都是可望不可即的商品。而且国内市场与国际市场是两个不同的价格体系。国门一开，相应的防范措施跟不上，久已存在的走私贩私活动便泛滥起来，中央领导感到必须采取果断措施治理才行。

1981年12月15日到23日，中央召开各省、自治区、直辖市党委第一书记座谈会。会议结束后，又召广东、福建两省的主要领导"二进宫"，专门谈开展打击经济领域里包括走私贩私在内的违法犯罪活动问题。中央领导强调：必须充分认识经济领域中违法犯罪活动的严重性、危害性，一定要在反对资本主义思想腐蚀的斗争中坚定、清醒、有作为。

谷牧受命组建国务院打击走私领导小组并任组长，依托海关总署设立办公室，采取有效措施，加强海上堵截和陆上检查，严格实行渔政管理，整顿部分基层党政组织，依法惩办罪大恶极分子，把走私邪风压了下去。

由于走私贩私的严重泛滥多在开放地区发生，有些人就对改革开放画问号了，特别是对举办特区这件事情摇头。有的把经济特区说成给外国资本家搞资本主义的"飞地"，有的说是除了五星红旗外，全都变了。对于特区有外币流通的现象，有的老干部痛心疾首，说本币受挤，这还得了。我国长期在港澳工作的有些同志也对特区发出质疑，而他们曾被看作眼光最广阔者。

影响最大的要数《旧中国租界的由来》文件的下发，此件不说在帝国主义侵略面前清政府的腐败无能造成租界，而是把丧权辱国的根本原因强调为当时上海道台吴某个人错误所致，暗示改革开放也是如此，影射特区把土地有偿提供给外商使用已变成旧中国租界。

尽管如履薄冰，谷牧对各种喧嚣声音采取了一种泰然处之的态度。他的原则是：实行对外开放已经列为实现社会主义现代化战略部署的重要组成部分，写入了党的历史性决议；大家都知道举办特区是小平同志的倡议、中央决定、全国人大常委会立法、国务院组织实施的一桩大事。街头巷尾那些是是非非的议论随它去，我还是要坚持把这桩事向前推进。

1982 年初，国务院机构改革，国家进出口委与外贸部、外经委合并。谷牧选了何椿霖等 8 个人，组织一个小班子来处理有关特区事务。他花了些功夫，原想命名为特区办公室，因有的领导同志不赞成，认为名义大，后称特区工作组，编入国务院办公厅编制序列。

物色小组人选时，他们当中有人就受到这样的忠告："你们上了特区这条船，就不怕翻船了?"该小组第一次开会时，谷牧交心交底，说谁有顾虑可以退出。不过出了什么问题，板子不会打到你们身上，只算我一个人的账。我是准备让人家"火烧赵家楼"的……这8位同志思想坚定，愉快地接受任务，工作也颇有成效。

五十六、促成"新50号文"下发

1982 年 3 至 4 月，谷牧率一个小组去广东做调查，还邀请有国际贸易研究所所长舒自清和国务院办公厅调研室的人参加。

1982 年，谷牧视察澳大利亚投资的深圳乌石古工地

谷牧视察深圳工厂时召开座谈会

李岚清在其《突围——国门初开的岁月》一书中记录了谷牧当时的基本态度。谷牧说：特区"到现在为止，还没有发现什么丧权辱国，或吃大亏、上大当的事情，没有发生什么办不下去的问题。因此，不能对我们走的这条路子发生怀疑。怀疑特区搞不下去，这是不合实际的"。同时，他也提出总结经验问题，"是为了继续前进，没有别的什么意思。"

1982 年三四月份在广东调研后，7 月，谷牧又约四个特区领导一家一家来京汇报、研究。党的十二大开过不久，谷牧又带特区组的同志去福建调研。谷牧调查研究的重点问题主要有以下 4 个方面：关于我国经济特区的性质和功能；关于举办经济特区初步实践的评价；关于经济特区管理的自主权；关于经济特区的基本建设。

　　谷牧在福建边调查边研究，把几个月来思考的意见形成了一份《汇报提纲》。陈云于 1982 年年初有个批示："广东、福建两省在执行对外经济政策方面，目前第一位的工作是要认真总结经验。"当年 10 月 30 日他又指示："特区要办，必须不断总结经验。"谷牧的认真调查反思，也是对这两个批示的一个

1982 年，谷牧陪同胡耀邦到福建视察

交代。

适逢胡耀邦也在福建，谷牧与他交换意见取得共识，商定中央书记处召开一次专门会议讨论特区工作。

这个会议于 1982 年 11 月 15 日召开，胡耀邦总书记和书记处其他同志都到场，经过研究，大家对《汇报提纲》表示同意。11 月 20 日会议的《纪要》整理出来。12 月 3 日以中央文

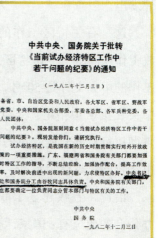

中共中央、国务院关于批转《当前试办经济特区工作中若干问题的纪要》的通知

1983 年，谷牧在广东向叶剑英委员长汇报举办经济特区工作情况

件发出。

这是有关特区工作的第四个中央文件，也是谷牧分管开放工作期间唯一专讲特区工作的中央文件。因第一个有关特区工作的中央文件是50号，所以这个文件被称为"新50号文"。中央在批语中指出："举办经济特区，是我国在新的历史时期贯彻执行对外开放政策的重要措施。中央书记处和国务院分工由谷牧同志具体负责。"

借此，谷牧建立了联合办公的会议制度，经常参加这个办公会的成员有：国家计委甘子玉、国家经委王磊（以后是马

1983年，谷牧（前排下蹲者左二）与吴南生（后排站立者左四）实地考察汕头特区基础设施的建设规划

仪）、经贸部魏玉明、财政部谢明（以后是田一农）、商业部姜习、中国人民银行刘鸿儒、中国银行丁朝宗、海关总署高祚、国务院副秘书长吴庆彤等同志。

"新 50 号文"下发以后，特区干部和群众受到很大鼓舞，深圳有人还鸣放鞭炮庆贺。

1983 年，谷牧与广东省委书记吴南生（右一）听取香港胡应湘先生（左一）介绍穗—珠—深高速公路建设方案

五十七、特区建设不是要收，而是放

1984 年 1 月 22 日到 2 月 16 日，邓小平视察广州、深圳、珠海、厦门和上海。2 月 17 日回到北京，24 日找几位中央领导同志谈话。明确指出："我们建立经济特区，实行开放政策，

谷牧题词：改革开放，勇往直前

谷牧视察珠江啤酒厂

有个指导思想要明确，就是不是收，而是放。"全党、全国为之精神大振，后来被艺术家们歌唱为"春天的故事"。

谷牧从谈话中看到的是邓小平同志关于特区建设的一些方向性的内容：

第一，肯定了特区发展的成就——"深圳的建设速度相当快。深圳的蛇口工业区更快。""珠海很有发展前途。"

第二，论述了特区在社会主义现代化建设中的功能和作用——"特区是个窗口，是技术的窗口，管理的窗口，知识的窗口，也是对外政策的窗口。"

第三，要扩大厦门特区——"厦门特区不叫自由港，但可

1984 年春天，邓小平视察南方时为深圳经济特区题词：深圳的发展和经验证明，我们建立经济特区的政策是正确的

以实行自由港的某些政策。"

第四，开放沿海港口城市——"可以考虑再开放几个港口城市，如大连、青岛。这些地方不叫特区，但可以实行特区的某些政策。"

第五，积极开发海南岛。

中央书记处、国务院把研究和贯彻实施的任务交给了谷牧，要求召集有关同志进行部署。

1984 年 3 月 3 日到 6 日、3 月 10 日到 18 日，谷牧先后到天津和大连这两个准备开放的较大沿海港口城市做调查，提出了四点设想：

一、沿海港口城市的开放，必须与老企业的技术改造紧密结合起来。

二、在基础设施差的老的中心城市，要先形成吸收外商投资的"小气候"。这到后来落实成各地举办的经济技术开发区。

三、拟开放的各沿海港口城市情况不同，不能一刀切，要分类指导。

四、首先要训练干部，更新观念。

五十八、"抓对外开放要靠明白人"

1984年3月26日，中央书记处、国务院在中南海怀仁堂召开沿海部分城市座谈会，涉及的地区和部门很广，甚至还有党中央、国务院、中央军委40多个部门的负责干部参加，由

1984年5月，谷牧陪同胡耀邦总书记（右三）在深圳视察。右一为广东省省长梁灵光，右二为深圳市委副书记、常务副市长周溪舞，左二为广东省副省长、深圳市委书记、市长梁湘，左三为市委常委、市委秘书长邹尔康（张国英摄）

1984 年，谷牧在任仲夷（左二）陪同下察看深圳市全貌

谷牧和胡启立具体组织。这是谷牧组织的规格最高的一次对外开放工作会议。

谷牧明确指出，我国的对外开放只是开了个头，强调要进一步迈开利用外资、引进技术的步伐。他指出：

暂不办新的经济特区；

资金要多方筹措，不能指望国家开多大口子；

要根据条件，逐步放开，逐步地上，不能齐头并进；

经济特区要按照小平同志的要求，自加压力，走在前面；

重视人才培训；

同步抓紧抓好思想政治工作和精神文明建设。

本来担心引起综合平衡问题的一位部长说：照谷牧同志讲的这样具体实施，我们就放心了。在谈到开发区的名称问题时，一开始准备叫"经济开发区"。当时在天津工作的李岚清提出：开发区不仅是创造一个吸引外资、加速经济发展的"小环境"，而且要强调引进先进技术，建议叫"经济技术开发区"。这个建议得到了大家支持并被会议所采纳。会议开了10天，结束时邓小平、李先念等同大家合影留念。邓小平即席发言

谷牧视察河北时，实地考察秦皇岛经济技术开发区选址

谷牧和夫人牟锋登上山海关

说："抓对外开放要靠明白人。"令人深感温暖，后来，人们常常用"明白人"这个词来形容谷牧。

会议前的 2 月 24 日，邓小平和中央领导谈到的沿海开放城市为上海、天津、大连、青岛、烟台、宁波、温州、北海等 8 个城市，后来又增列江苏的南通和连云港。应（已全省开放的）广东、福建的要求，又列入了广州、湛江和福州，起草文件时又列入秦皇岛。这样一来，沿海港口开放城市上升到 14 个，鲜明地反映了我国改革开放的大趋势。

谷牧与陈云同志在一起

1984 年 4 月 23 日，谷牧到杭州把沿海城市座谈会情况向陈云汇报，陈云完全赞同开放沿海港口城市，强调在实施中要不断总结经验。随后，中央政治局正式讨论通过沿海部分城市座谈会纪要，于 5 月 4 日以中央文件批发全国。

中央在批语中指出：开放沿海港口城市和办好经济特区，不能指望中央拿很多钱，主要是给政策。一是给前来投资和提供先进技术的外商以优惠待遇；二是扩大沿海港口城市的自主权，让其有充分活力去开展对外经济活动。这实际上是对我们现行的经济管理体制进行若干重要的改革。有关部门和有关地区，要按照会议纪要，制订具体措施，加强领导班子配备和干部队伍建设，加强指导检查，保证中央这项重要政策的贯彻实施。党中央和国务院委托谷牧同志监督、检查执行情况，并协调、仲裁执行中可能出现的矛盾。为此，（会议期间还称国办特区组的）国务院领导特区的机构也要加强。

无疑，谷牧身上的担子更重了，从4月到年底，谷牧进入改革开放以来最劳累繁忙阶段，他着重抓了10桩事：

——建立沿海开放城市和特区工作联合办公会议，由国务院15个部门负责人参加。由国家计委副主任甘子玉、经委副主任马仪、经贸部副部长魏玉明、体改委顾问廖季立、国务院副秘书长吴庆彤等作谷牧的助手。

——当年8月正式把国务院办公厅特区工作组升格为国务院特区办公室，由何椿霖任特区办主任，胡光宝、张戈为副主任。

——经研究商定，在3年内分别拨给14个沿海开放城市一笔技术改造外汇使用额度。

——委托财政部会商有关部门，报经国务院批准，规定沿海开放城市外商投资的生产性企业的所得税，减按24%征收。

——委托邮电部制订根本性改变邮电通信状况的方案，投资由国家计委和各个城市分别安排和解决。

——根据山东的要求，将当时由烟台市管辖的威海市实行

谷牧与工人们在一起

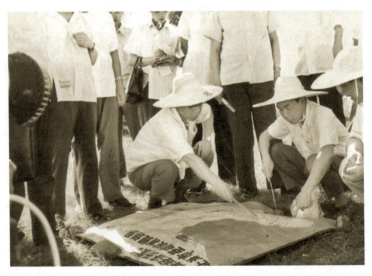

谷牧现场听取北海经济开发区规划汇报

沿海开放城市的有关政策；龙口港确定为对外开放港口。

——根据辽宁的要求，确定营口市执行沿海开放城市的部分政策。

——在深圳举办经济开发研讨会培训干部。

——在香港举行 14 个沿海开放城市、4 个经济特区、海南岛参加的大型投资贸易洽谈会。

——为审批 14 个沿海港口城市的开放方案，逐个做实地考察。5 月去宁波、温州、南通(并在南通听了连云港的汇报)，6 月去广州、北海，7 月去大连，8 月去秦皇岛，9 月去烟台、青岛，10 月去天津，12 月去福州。回京又与有关部门会商，一直到翌年 2 月才办完。

五十九、以点带面，连片开放

1984 年开始，谷牧认真检查总结了广东、福建两省实行特殊政策和灵活措施的情况。自 1980 年带领广东、福建两省首先实施改革开放，尤其是 1982 年面临巨大舆论压力。谷牧

1984 年，谷牧视察深圳某建设工地时，与建设者交谈。该工棚的四壁仅仅是用苇席围起来的，可见当年创业条件的艰苦

1984 年，谷牧在广州召开座谈会

确定了基本方针是不争辩，不解释，埋头做工作。

到 1984 年邓小平视察，并开放 14 个沿海城市后，"特区不能办"、改变两省实行特殊政策和灵活措施的意见也没谁公开提了。两省利用外资、引进先进技术迈出了较大步伐。至 1984 年底，两省累计实际利用外商直接投资 17 亿美元，占全国的 40%以上。全国批准外商投资项目 1856 个，超过前 5 年的总和。

1984 年 12 月 3 日到 7 日，谷牧在福州召开广东、福建及国务院有关部委联席座谈，继续推进两省改革开放和经济建设：

——提高建设项目审批限额，两省使用国内自筹资金 1 亿元以下、利用外资 1000 万美元以下。

——两省可以试办地方金融组织，也可称银行（据此，经认真筹备，深圳发展银行 1987 年开业，广东发展银行和福建兴业银行 1988 年开业），经国务院批准，可在国外发行债券。

谷牧在泉州考察

——外贸出口收汇留成比例由 25%提高到 30%。

——扩大外贸经营权。

座谈会在海关代征进口工商税问题上，财政部和两省意见分歧，相持不下。谷牧将此矛盾带回北京，组织专门会议，用提高海关代征工商税上缴比例的办法，对双方作了协调，后以国务院文件下达。两省特殊政策的期限延长了 5 年。

在两省座谈会举行期间，中央领导有个构想——继开放珠江三角洲和长江三角洲后，进而陆续开放辽东半岛、胶东半岛，以使沿海开放地区北起大连湾，南至北海市连成一片。

谷牧在厦门考察

1984 年 7 月，谷牧在广西北海市白虎滩头同渔民交谈

谷牧又建议位于珠三角和长三角中间部位的福建东南厦门、漳州、泉州一带作为突破口，称为闽南三角地区。这一想法立即得到大家的赞成。

经进一步调研后，1985 年 1 月 22 日，谷牧组织召开沿海开放城市和特区工作联合办公会议，提出并部署在珠江、长江三角洲和闽南三角地区的基本步伐为：由小到大；先小三角，后大三角；要以点带面，长三角的点是苏州、无锡、常州、嘉兴、湖州，闽三角的点是泉州、漳州，珠三角的点是佛山、江门。这样就把三个地区共 59 个重点市、县连成了一片。

会议还提出了要按照贸—工—农的方针发展经济、从拓展出口需要安排生产、搞好技术引进、办好"工业卫星镇"、建立农业试验隔离区等措施。

接着，1985 年 1 月 25 日至 31 日，谷牧在北京召开珠江、长江三角洲和闽南厦漳泉三角地区座谈会。经过会议讨论，形成了会议纪要。会后经报批，党中央、国务院以文件批发全国。

1984 年 8 月 1 日，谷牧向邓小平同志汇报宁波工作时，邓小平说："把全世界的'宁波帮'都动员起来建设宁波。"

　　谷牧（左一）同国务院沿海开放经济顾问、新加坡原副总理吴庆瑞（右一）在厦门考察时热烈交谈

　　1984 年，国务院成立宁波经济开发协调小组，这是首次为一座城市专门设立一个高级别的工作组，启动了宁波的开发建设。图为小组成员合影，前排右四为谷牧，右五为包玉刚，右六为卢绪章

　　1989年5月，谷牧曾引用宋代改革家王安石的诗句为汕头经济特区题词。被当地刻在了好似一面风帆的石壁上。谷牧重返汕头时，在这面石壁前留影

邓小平讲过，1984年他主要办了两件事：一件是开放14个沿海城市；另一件是提出用"一国两制"的办法解决台湾和港澳问题，要求认真开展对台贸易，以经济促政治，推动祖国统一。

1985年初，他专门找谷牧谈话，对开放的进程很满意，说："看起来大有希望。"并强调了两个重要问题。一是要认真解决人才不足的问题，可以考虑从国外请些顾问，还要办对外开放的专题速成培训班。二是老企业的技术改造要有规划……他还要谷牧帮助卢绪章同志解决往返香港的护照，让他帮助宁波联系海外的原宁波籍人士。按邓小平的指示，我国在1985年5月聘请新加坡前副总理吴庆瑞博士担任沿海开发经济顾问，后来又聘他兼旅游业顾问。国务院特区办公室从这一年起，依托南开大学、对外经贸大学举办对外开放干部轮训班，至1992年底，共办了35期，培训1200多人。

至于邓小平委托谷牧关于宁波的事情，笔者引用包陪庆《包玉刚——我的爸爸》一书中的话来做个交代："……中国诞生了第一个为一个中等城市而成立的协调小组。一个由国务院副总理谷牧为组长，计委副主任陈先为副组长（陈先副主任也是宁波人），再请卢绪章、包玉刚两位当顾问，四个主要人物，其他小组成员，由国务院有关七八个部委各抽调一位副部长，以及浙江省、宁波市领导参加，以统一协调、解决宁波市经济发展和改革开放中的重大问题。小组阵容是强有力的，后来的总理朱镕基和副总理曾培炎都曾参加协调小组的会议。"

"确实，国务院为一个中等城市专门设立领导和协调机构，这是中国政府'破天荒'的第一次，因而也为宁波的经济加快发展和进一步改革开放奠定了基础。协调小组的成立，是邓小平为了进一步推动中国城市改革开放，实现'发动世界宁波帮，建设宁波'的一个重要战略措施。"

"谷牧副总理是长期担任中国工业和经济建设战线的领导人之一，有丰富的经验，他在邓小平改革开放思想的指导下，方向明确，思路清晰。因为谷牧积极主张改革开放，搞经济又非常有经验，是个强有力的人，协调小组开了六次会，没有人缺席。"

六十、及时发现、解决特区建设
出现的新问题

全国扩大开放的部署逐一落实之后，谷牧转过手来，解决经济特区新出现的一些问题。谷牧很快就注意到特区发展中的缺点和不足，他在回忆录中提到的有：

基本建设战线拉得长了，摊子铺得大了，深圳尤为如此。

非生产性项目摆得多，出口产品上得慢。

产品内销较多，利用国内外价差，做倒手生意、违法经营牟利的情况时有发生，引起内地的非议。

这些与中央一再指出的特区经济"利用外资为主""举办工业生产项目为主""产品以出口为主""要大力引进先进技术"是不符合的。

然而，在深圳特区工作的一些同志，还有几位专家、学者，一直对此持不同意见。他们认为，深圳发展工业的条件差，产品以外销为主与客商投资目标（产品进入大陆市场）相悖，主张把深圳建成金融、商业、外贸、旅游中心，而且这种呼声越来越高。

1985 年 2 月下旬，谷牧在深圳召开特区工作座谈会，着重于正面引导，强调特区不能满足于盖大楼……要办成以工业为主、以出口创汇为主的外向型经济特区……能按邓小平的要求发挥"四个窗口"的作用……从今年开始，要爬好一个坡，更上一层楼。

但是，正面引导的效果很不理想，深圳铺的建设摊子更大，计划安排比 1984 年实际增长 40%。一些人甚至对谷牧讲的意见"不大以为然，对人们提出的善意批评采取'顶'的态度"。

1985 年 3 月，谷牧出国访问，4 月回国后患严重眼疾，给深圳传去书面指示，效果仍然不佳。谷牧意识到一般地谈解决不了问题，需要系统地做工作了。

他采取了这样一些办法：一是请曾在广东工作过的老同志张根生、于明涛去特区调查，与当地领导交换意见做工作。二是支持中国社会科学院刘国光副院长率领的一个专家小组，在深圳进行了为时一个月的关于特区发展战略的调查论证，写出了一本系统的报告。明确指出，要以发展外向型经济为目标。三是就原经委主任袁宝华的一份特区调查，组织有关部门讨论，统一认识。

袁宝华和刘国光的报告都明确提出特区要朝外向型经济发展。袁宝华还提出：特区不仅要有"吃饭产品"，还要有自己的拳头产品、优势产品。他建议，把电子、航空等工业部门的力量组织起来在深圳建立元器件科研生产基地，既有利于我国电子产品的开发和出口，也可以弥补香港的不足。

最后，谷牧委托周建南和何椿霖在深圳召开外向型工业发展座谈会，主要请在深圳办有内联外引企业的部门参加，通过"条条"做这些有强大技术和管理后盾的企业的工作，让他们在发展外向型经济中起骨干作用。

同时，国务院主要负责同志根据邓小平指示，决定对深圳特区的领导班子进行调整。一天上午，邓小平会见外宾，谷牧陪同在座。外宾未到之前，邓同谷谈起深圳的工作。据谷牧回忆："可能是他从哪个渠道收到些信息，他说，怎么搞的，他们骄傲了，要帮一帮，必要时也可以作点调整。当天傍晚我在中南海边散步，又遇到小平同志。他再一次交代我，可以调整一下深圳的领导班子。一天之内小平同志两次谈到此事，我觉得他的话分量不轻，马上向中央领导同志作了汇报。中央领导立即决定派当时任国务院常务副秘书长的李灏去任深圳市长，梁湘专职做市委书记。"

六十一、谷牧对特区批评最多的一次会议

1985 年 12 月 25 日到翌年 1 月 5 日，受国务院的委托，谷牧在深圳召开特区工作会议。到会的有广东、福建两省等 4 个经济特区，国务院 29 个部委办局的负责干部近 200 人。这是讨论经济特区工作的会议中，到会人数最多、开会时间最长的一次，也是谷牧批评话说得最多的一次，而且主要是针对深圳。

会议先下发了一份特区办准备的《关于经济特区发展情况和今后意见的研究提纲》作为讨论的引子，尖锐指出：主要是近两年（1984、1985 年）基建投资规模偏大，投资结构不尽合理，生产布局和产业结构缺乏通盘规划；企业的经营管理水平和干部职工队伍的素质同建立外向型经济的要求不相适应，不少企业出口创汇能力还比较弱，外汇平衡存在困难；办事效率较低，信息反馈不灵；少数单位违法经营，有的案件还相当严重，尤其是深圳。

谷牧根据自己长期以来搞基建的经验教训指出，压缩基建非得有"壮士断臂"的精神才行。他说："这句话也许说得重了，

1985年12月30日，谷牧（右三）率领在深圳参加经济特区工作会议的部分人员考察中航科技深圳公司下属的天马微电子有限公司。天马公司总经理汪斌（右一）陪同。现场为切割液晶玻璃工序。右二为国务院特区办副主任胡光宝；左一为谷牧秘书李强

谷牧在考察后指出："在经济特区完全有条件办出口创汇型企业，发挥我国劳动力和智力的优势，在经济特区走'高、新、轻、精'路子，天马公司给出了示范。"

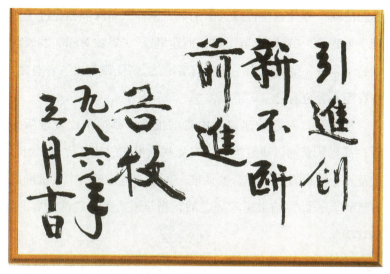

谷牧 1986 年 3 月为厦门经济特区题词

我反复考虑过是不是要向大家公开说这些，后来决定还是说，如果我不讲，那就是失职。"

1986 年 2 月 7 日，国务院常务委员会根据这次会议所整理的经济特区工作会议纪要，以国务院文件批发全国。

这次会议是经济特区调整航向后的新起点。各特区按照"压"与"保"相结合的方针，缩短基建战线；着重发展工业生产，改善品种质量；大力开拓国际市场，增加外贸出口，并清理整顿公司，克服流通领域中的混乱现象。

那一年，深圳基建规模比上年压缩了 30%，撤并了数百家经营不规范的公司。阵痛不小。上半年，由于压缩基建，控制社会消费资金，特区市场很不景气，宾馆入住率下降，饮食业清淡。海外有些传媒火上加油，说什么"深圳办先进工业难于上青天""特区工贸不景，前途堪虑""谷牧对深圳发展前景过于乐观"等等。出主意进言者有之，"隔岸观火"者有之，别有用心者也有之。

谷牧说，对好的建议和中肯的批评，哪怕是比较难听的话，都要认真加以研究吸收，对那些无根据的甚至是别有用心的乱言，可以置之不理。要认准一条道，坚持按照中央批准的方针认真去做。结果是阵痛之后，当年就听到了"落地婴儿"的欢啼。

1986年,4个特区工农业产值76亿元(工业产值67亿元)，比上年增长24%，有300多家新工厂投产。外贸出口达10.3亿美元，比上年增长27%，其中深圳达到7.25亿美元。126家企业年出口额超过100万美元，其中22家超过500万美元。

六十二、经济特区发展进入新里程

1987 年 2 月 6 日到 10 日，谷牧又在深圳主持召开了经济特区工作会议。这是他分管开放和特区工作期间主持的第六次，也是最后一次特区工作会议。这次会议着重回顾了 1986 年努力发展外向型经济取得的成果和经验，进一步统一了认识。会议形成的纪要，于 1987 年 4 月 11 日以国务院文件批发。

在国务院审批这个纪要的会议上，第一次讨论了将土地所有权和土地使用权分开，土地使用权可以在一定期限内实行有偿出让和转让的问题，由此开始在全国进行土地使用制度的改革。

谷牧曾借用王安石的"看似寻常最奇崛，成如容易却艰辛"诗句来形容特区的创办过程。他在回忆录中说："在我国举办经济特区这个问题上，应当说共识是不断加深的。开始对'要不要办'认识不一，到 1984 年这个问题基本上解决了。后来又有'能不能办好'的疑问，1985 年、1986 年对此议论较为集中。从 1987 年起，特区的实绩越来越肯定地回答了这个问题。至 1992 年，深圳、珠海、汕头、厦门四个经济特区，生产总值

达 540 亿元，外贸出口 115 亿美元，在全国经济中已有一定分量了。"

谷牧把经济特区的作用归纳为五条：

第一，特区的发展对中国如何利用国际交换优化生产要素组合来发展经济，如何借鉴国外组织社会化大生产的经验和方法来完善经济管理，如何在对外交往频繁的情况下坚持正确的政治方向、建设社会主义精神文明等重要课题，提供了宝贵经验，锻炼培养了一批人才。

第二，特区是我国对外开放的"排头兵"，它的政策和经验已被各地结合具体情况加以推广运用。

第三，经济特区成为发展对外经贸的新基地，使我国南方沿海地带增加了新的经济中心城市和对外口岸，对国家对外经贸事业起着重要的促进和支撑作用。

第四，特区是改革的试验场……特区坚持国家宏观计划指导下以市场调节为主的改革方向，为在全国建立社会主义市场经济体制提供了有益的借鉴。

第五，特区是我国现行经济政策的集中展示……对于香港、澳门的顺利回归和稳定繁荣，促进台湾海峡两岸的交往，逐步实现"一国两制"下的祖国统一大业，都产生了积极影响。

六十三、改善投资环境的 22 条细则

在整个改革开放的过程中，谷牧特别致力于为吸收外资建立健全法律法规，以改善投资软环境。

我国在吸收外商直接投资最初的四五年间（从 1979 年 7

1984 年 9 月 9 日，谷牧（左三）与薄一波（左四）、荣毅仁（左一）等同志参加中国国际信托投资公司和经济日报社在京联合举行的中华经济恳谈会招待会

月《中外合资经营企业法》公布到 1983 年年底）进展较慢，
规模较小。

1984 年扩大开放后，虽发展势头迅猛，但也同时暴露出
我国投资环境硬件软件方面的许多问题。

1982 年初，原国务院外国投资管理委员会（国家进出口
管理委员会）撤销，工作归并至新成立的对外经济贸易部。然
而，外经贸部的主要业务是出口，吸引外资这一块比较薄弱。

谷牧在深圳与特区办主任何椿霖同志（右二）接受记者采访

谷牧与朱镕基同志在一起

到 1986 年初，外商对我国投资环境的抱怨骤起。

1986 年 4 月，中央财经领导小组会上，谷牧又受命统筹协调吸收利用外资的工作。经报国务院批准，成立了外国投资工作领导小组，谷牧任组长，周建南任副组长。成员涉及国务院相关的 13 个部门领导。

领导小组建立后，立即着手解决当时最突出的外商投资企业的生产经营条件问题。谷牧定了两条：一条是让特区办（兼领导小组办公室）派人分赴利用外资的重点地区调查研究，把情况、问题和解决的意见梳好"辫子"，做起草相应文件的准备。另一条是确定国家经委及其下属系统，归口管理和解决投产运营外商投资企业的生产经营条件问题。由时任国家经委副主任的朱镕基同志负责。

经过调研和协调有关部门意见，再经外国投资领导小组会议讨论，制定了一个文件，经国务院常务会议讨论审定，于1986年7月12日，以《国务院关于进一步改善外商投资企业生产经营条件的通知》为名发出，主要是讲已投产运营企业的事。

1987年5月11日，谷牧视察惠州"三来一补"企业时与惠州市市长李近维（右一）等交谈（张国英摄）

但由于时间仓促，问题研究得不透，有关部门的意见也不尽协调，有些内容，文件上白纸黑字，但在执行中屡屡卡壳。于是，谷牧及时组织国务院特区办对我国投资环境进行系统研究，采取与东南亚地区对比的办法搞了两本材料，翔实提出鼓励、引导和吸收外商投资的意见。

1986 年 8 月 19 日，谷牧在北戴河向国务院常务会议汇报后，得到中央领导同志的赞同，要他在这些材料基础上抓紧组织起草一个法规性的文件。

1986 年 9 月 8 日，被称为"22 条"的《国务院关于鼓励外商投资的规定》文稿正式提交外国投资领导小组会议讨论通过。9 月 13 日，国务院常务会议审议批准。但经验老到的谷牧先按住此文件未发，一贯缜密周全的他，要先同有关地区和部门通气渗透，于 9 月 20 日、21 日，召集部分同志座谈了两天，小修改几处。

1986 年 10 月 12 日，《国务院关于鼓励外商投资的规定》在《人民日报》公布，同时配发社论。翌日，谷牧又以外国投资工作领导小组负责人答记者问的形式对若干重要问题作了说明，收到了很好的效果。

在起草上述"22 条"的过程中，谷牧根据以往工作不细致、各有关利益主体诉求没有切实落实，故贯彻难以落实的教训，决定由外国投资工作领导小组统一组织搞若干实施细则，保证"22 条"的落实。

1995 年 3 月谷牧在蛇口港登船后向送别的深圳市领导挥手告别

1986 年 9 月 18 日，谷牧委托周建南、何椿霖依托特区办，会商有关部门不厌其烦地拟订了细则的目录，共有 22 个。每个细则大体上都要经过四个回合：一是起草部门先拿草稿；二是有关部门会商协调意见；三是领导小组讨论；四是报送国务院主要领导同志审批。从当年 10 月到 12 月，谷牧召开讨论这些细则的会议有 12 次之多，平均每个星期一次。

这 22 个实施细则耗费心血，涉及的业务面宽且深，工作量巨大，甚至可以说，比起草那个主文件"22 条"的难度更大。主文件的内容尚可稍微原则些，这些细则却须周密详尽，逐一具体展开，四面八方意见都要考虑到。到 1987 年 7 月，这些细则总算配套齐全了。

谷牧在回忆录中总结道："回顾我国吸收外商投资以来，有关政策法规的出台比较集中的有两次。第一次是 1981 年以前，以公布《中外合资经营企业法》为中心，出台了《中外合资经营企业法实施条例》这第一个法规，使吸收外商投资工作得以迈开步伐。第二次就是 1986 年的这一轮，它使吸收外资的法规进一步完善和系统化了。不但在总的原则上，而且在具体实施的细则上基本都有法可依、有章可循了。这是我国吸收外商投资进程中很重要的一步，对以后的工作产生了积极影响。"

从被称为"22 条"文件的形成、发布到配套该文件的 22 项细则的制定，显示了谷牧领导作风的扎实、细致以及在改革开放的复杂形势中对各种情况有比较准确的预判、准备好了可以采取的有效措施。这种积年累月养成的作风与某些人"拍脑袋灵机一动,拍胸脯向上级保证,拍屁股一走了事"的"三拍"作风形成鲜明对比。

这一时期,谷牧的领导艺术达到了炉火纯青的境界,不仅受到部下和开放地区干部们的崇敬和爱戴,还表现了我国改革开放整体状态以及在宏观指挥、管理等方面所达到的水平。

六十四、有意不提"海南20年赶台湾"

　　1987年，谷牧主抓的一个重要项目就是筹办海南经济特区。对于谷牧来说，这是开发海南的第二次启动。

　　开发海南的第一次启动，以1983年4月1日中央文件为标志。

　　在1984年3月召开的沿海部分城市座谈会上，海南的领导曾质问谷牧，在传达当年2月14日邓小平与几位领导同志的谈话精神时，为什么不提"海南20年赶台湾"？因为邓小平的这句话对于他们来说，不啻是一把尚方宝剑。那次谈话，邓小平确实说过"如果用20年时间把海南岛的经济发展到台湾的水平，那就是很大的胜利"。

　　谷牧有意不提"海南20年赶台湾"这句话，是因为他想到了1958年，毛主席试探性地提出年产1070万吨钢的数字时，主管领导没有本着专业精神指出实际困难，结果给国民经济造成了巨大损失。

　　如今历史重现，谷牧在回忆录中说："我牢记总结1958年大跃进的教训，周恩来同志对我们说过：毛主席的话，有时是

1983 年 12 月，谷牧在海南视察。前排右三为雷宇

征求意见性的，不能以为件件都是主席的决定。我对小平同志讲的这句话，就是按周总理这次讲话的精神去对待的。"

谷牧不提"赶台湾"这三个字，表现了其举重若轻、政治上的成熟。后来邓小平那篇谈话公开发表时，也删去了这方面的内容。

但当时海南岛的领导头脑发热，甚至在海南发生了大量倒卖进口汽车的事件，还一下子引进 26 条电视机组装线，酿成了全局性、方向性的错误，以至于在其后的数年之内造成海南主要负责人下野，大量干部涉案，烂账五六个亿，无用进口11 个亿的严重局面。加上 1985 年又遇到 50 年罕见的大台风，樯倾楫摧，海南陷入了困境。

1985 年上半年，中央纪律检查委员会专门组织了检查，对海南"倒卖汽车事件"作了严肃的处理。这期间，谷牧同时在两条阵线作战，一方面是协助中央处理倒卖汽车案，另一方面是鼓励当时堕入冰点的海南干部。谷牧一再强调：1983 年4 月中央文件没有改变，我没有听到任何要取消这个文件的信息。他鼓励海南同志坚持下去，继续奋进。

六十五、先请"神农氏"，后请"爱迪生"

1985年7月，谷牧邀请新加坡原副总理吴庆瑞博士去海南考察，提供咨询建议。

综合了各方面意见，谷牧强调海南岛的开发建设，一定要从实际出发，立足于开发利用本岛资源优势，首先瞄准热带经济作物、水产养殖和畜牧业，做好发展大农业的文章。在此基础上，相应建立以加工本岛农副产品和开发本岛矿产资源为主的工业，面向出口和供应全国，开发独具特色的产品。与此同时，积极发展旅游业。

与谷牧同行的国家计委的同志把谷牧的讲话比喻为"先请'神农氏'，后请'爱迪生'"。

谷牧还为海南争取到最优惠的条件：中央原有的所有经济支援都予以保留，甚至细微到维修中小学危房的经费数字。至1986年，海南的形势好转，扭转了困厄状况。

1987年初，谷牧和有关中央领导多次交换意见，都认为加快海南这个宝岛的开发要解决三个问题：一是理顺领导体制。海南当时是广东省管辖的一个比地区高半格的行政区，里头又有地、市一级的自治州，层次多，管理权限小；二是加大开放力度；三是增强智力，内地要输送一批人才进去。

谷牧等中央领导拒绝了香港企业家提出的"将海南岛划为特别行政区，采用自由港的办法，由香港企业家开发"的提议，因其近似"租让"，提出了把海南提升为独立的省，同时举办海南经济特区，两线并进的方案。

邓小平表示赞成，并要谷牧抓紧组织落实。

1987年5月，谷牧召集一些部门专作酝酿，还约来港澳工委的领导，请他们向香港有关人士通报信息。

1987年7月，谷牧专程去广州，与广东省委书记林若、省长叶选平商讨有关事项，同时与特区办多次讨论，整理出《关于建立海南经济特区的初步意见》。

1987年9月，海南建省筹备组正式成立，许士杰和梁湘分别担任党政一把手。

1987年11月，在海南建省筹备组与特区办写成两个文本的基础上，谷牧召集国务院有关部门写出了《关于海南岛进一步开放加快经济开发的意见》。

1987年12月，谷牧出访归来直飞海口，主持讨论建立海南经济特区问题，整合吸收良策，说服并压下了海南特区领导人为争取更多优惠而反复提出的一些"强烈要求"。

回京后，谷牧向党中央和国务院作了汇报。考虑到内外有别，把讨论定下来的问题分写为两个文件。一件是《关于海南岛进一步对外开放加快经济建设座谈会纪要》，作为内部文件下达；另一件是《关于鼓励投资开发海南岛的规定》，对外公布。

1988 年 1 月 17 日，党中央、国务院正式通过以上两个文件。当年 4 月 13 日，第七届全国人民代表大会第一次会议通过国务院提出的关于设立海南省和建立海南经济特区的两个议案，由此揭开海南对外开放和经济开发新的一页。

六十六、囊括沿海、连片开放的第二步

1988年3月，国务院召开沿海地区对外开放工作会议，决定将沿海经济开放区扩大到长江以北的山东半岛、辽东半岛、环渤海地区和沿海其他地区，与珠三角、闽三角、长三角

谷牧视察广西梧州

谷牧视察江苏省南通市

连成一片。这是我国继 1984 年之后，再一次采取连片开放的重大步骤，使我国沿海开放地带由原来的 59 个市、县，扩大到 293 个市、县，拥有 42.6 万平方公里面积、2.2 亿多人口，基本上囊括了所有的沿海市、县。

谷牧在回忆录中说：采取这个重大步骤"是在科学分析国际经济发展趋势的基础上作出的决策。在世界经济发展中，随着劳动费用条件的变化，发达国家的产业结构不断调整，劳动密集型产业总是向劳动费用低的地方转移，在亚太地区，早期是从美国向日本转移，以后又向中国台湾、中国香港、韩国、新加坡转移……20 世纪 80 年代中期以来又发生了新转移……

谷牧与李鹏同志在一起

谷牧与李瑞环同志在一起

这是非常有利的机遇。因此，我们多次交换意见，认为沿海地区要积极抓住这个机遇，有计划有步骤地走向国际市场，把发展外向型经济作为一个战略问题来对待……同时积极吸引外商直接投资……利用外商带来的资金、技术和销售渠道，发展外向型经济。这样做就可以发挥沿海劳动力优势和加工技术的优势，发展以产品为载体的'劳务出口'，参加国际市场的交换和竞争，从而促进沿海经济的繁荣，带动内地经济的振兴。"

1987 年底，中央政治局讨论并肯定了这些意见。邓小平

中国人民政治协商会议第七届委员会主席台

敦促全党："特别要放胆地干，加速步伐，千万不要贻误时机。"

1987 年 10 月，为配合党的十三大召开，谷牧接受《人民日报》采访，随后有一篇《国务院负责同志谈从广度和深度上扩大对外开放》问世。后来，经由代总理李鹏主持召开国务院办公会议集中，成为《关于沿海地区发展外向型经济的若干补充规定》，报国务院正式批准下达，共有 13 条。

1988 年春节后，国务院召开沿海地区对外工作会议，这是谷牧分管对外开放期间主持的最后一次全国性会议。谷牧的报告回顾了近 10 年的对外开放历程及其重要经验教训，对沿海地区发展外向型经济提出了基本指导原则、重点工作要求和应当把握的关键环节。因为谷牧即将在当年 4 月国务院换届中退下来、到全国政协工作的消息已经传开，这个报告在会上被大家戏称为"告别演说"。

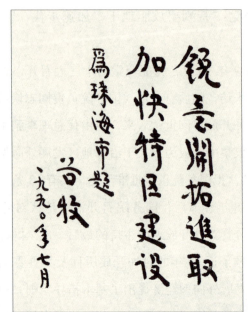

1990 年 7 月，谷牧为珠海经济特区题词

1990 年 11 月 25 日，谷牧在广东与任仲夷、王玄夫妇合影

　　1990 年 11 月 26 日，谷牧（右三）陪同中共中央总书记、国家主席、中央军委主席江泽民（左一）出席深圳经济特区成立十周年庆祝大会。右一为深圳市委书记李灏，右二为国务院特区办公室主任何椿霖（张国英摄）

　　20 世纪 90 年代初时任全国政协副主席的谷牧与广东省政协主席吴南生亲切交谈

　　1991 年 2 月，谷牧（站立者右二）在广东省政府副秘书长、特区办主任丁励松（站立者右三）、深圳市政府秘书长李定（站立者右四）陪同下视察深圳先科激光公司。左三为先科激光公司董事长总经理叶华明（叶挺将军之子）（张国英摄）

谷牧在全国政协工作时视察惠州市大亚湾（张国英摄）

六十七、领衔孔子基金会工作

　　周恩来总理非常了解跟随了他多年的谷牧，知道他在中国传统文化方面有较高修养，因而除了职务方面的经济类工作之外，也会把文化方面的一些大事，例如琉璃厂文化街的整修、恭王府的保护和恢复，都交代给谷牧负责。谷牧均在粉碎了

谷牧于 20 世纪 70 年代末视察北京琉璃厂文化街。

1962 年，周恩来总理同一批著名专家视察恭王府，首次提出：要将恭王府保护好，将来有条件时对社会开放。但尽管身居泱泱大国总理之位，却直到他病入膏肓也未能将此心愿了结，不得不转托给谷牧。图为1980 年 7 月，谷牧视察恭王府修复工程施工现场

"四人帮"后兢兢业业地圆满完成了总理的遗愿。而周总理遗孀邓颖超大姐交代的一项任务——领衔孔子基金会，他更是付出了晚年的许多精力。

1984 年 6 月，时任全国政协主席的邓颖超在山东考察时，特意去了曲阜。两千多年来受到历代中国人景仰和尊重、被称为"万世师表"的孔圣人竟然在"文革"中受到北京师范大学造反派的侮辱，实在是斯文扫地。虽然当年周恩来总理立即出

孔子塑像

谷牧与李岚清在恭王府听取修复工作的汇报

面制止，但孔林、孔庙、孔府已是一片破败景象。邓大姐非常痛惜，参观曲阜回京后，向中央提出了成立孔子基金会的建议。得到同意后，确定谷牧任名誉会长，匡亚明任会长。邓大姐说得很清楚：谷牧 30 年代是左翼文化工作者，又是山东人，对孔子的事情也比较明白。

谷牧当然明白邓大姐推荐他的深意，从"文革"中期 1973 年的批林批孔，一直到"文革"后期以儒法斗争解释历史，

部分在京的领导同志为邓颖超祝寿。左起：田纪云、谷牧、姚依林、余秋里、李鹏、万里、邓颖超、胡启立、郝建秀、胡耀邦、乔石、习仲勋、邓力群

1994 年 10 月 5 日，孔子基金会名誉会长谷牧在孔子诞辰 2545 周年纪念会上讲话

周总理一直被人当作党内大儒，必欲除之而后快，邓大姐的推荐有瞩谷牧继承总理衣钵的含义。谷牧担起了这份重任，领衔孔子基金会逐步展开了大量而广泛的工作：

——建立健全组织，成立由有关方面代表人士 100 多人组成的理事会，设立了专职工作班子。

——开展学术研究，创办《孔子研究》学术杂志，出版一批关于孔学研究的论文集。

——开展了国际孔子、儒学研究的学术交流。1986 年 2 月，谷牧出访，亲自与新加坡方面商定关于孔子研究的合作。1987 年 9 月，在曲阜联合主持召开儒学国际讨论会。1988 年 10 月，与原联邦德国阿登纳基金会在波恩联合举行第二次国际儒学讨论会。1989 年 10 月，与联合国教科文组织合作，举行孔子诞辰 2540 周年国际学术讨论会。

——筹集经费。孔子基金会不但得到财政部或地方政府拨给的开办费、学术研究和建设孔子博物馆的专款，还得到几个经济特区提供的赞助和海外捐款。捐助人有包玉刚先生、李嘉诚先生、希腊船王乐济世先生。

——把孔子研究正式推向国际。1994 年 10 月，在北京举行孔子诞辰 2545 周年纪念活动，并借此成立国际儒学联合会，

1994 年 10 月 5 日，谷牧出席国际儒学联合会成立大会

谷牧与包玉刚先生合影

谷牧与李嘉诚先生合影

谷牧与叶选平、刘延东合影

在谷牧等领导同志的关心下落成的曲阜孔子研究院

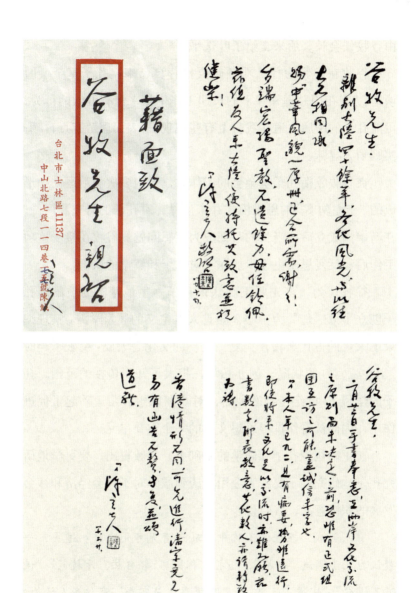

1991 年，台湾孔孟学会理事长陈立夫先生的两封信

由谷牧任会长，后来交给了叶选平。

谷牧在解释为什么邓颖超要推荐自己来搞孔子基金会时谈道："我在周总理领导下的长期工作中从来没有偏激的行为，可能孔子的中庸之道在我身上有些体现。"表面理解有点自嘲，实则耐人寻味。

在谷牧领衔孔子基金会的工作时，党内多次政治运动中形成的"宁左勿右"的思维模式并未消除，对孔子的研究和评价，在新中国成立后相当长的时期成为敏感问题。谷牧在接受这项工作后经反复思索也逐步加深了对孔子和儒学的认识。

谷牧认为，首先要正确认识孔子一生最基本的贡献。孔子创立了以"仁"为中心、颇具人本主义的儒家学派；整理编录了大量的古代典籍，集夏、商、周文化之大成；突破了当时"学在王宫"的状况，创办私学，扩大了知识传授的范围。孔子的学说17世纪传到欧洲后，对欧洲思想启蒙运动起了促进作用，因而被看作世界思想文化的一个重要单元。

在正确认识孔子和儒学的基础上，谷牧提出，要科学地研究孔子，研究孔子要古为今用。谈到儒学对于社会经济和社会发展的积极意义，谷牧说：

有人问我，在经济工作中，孔子有无可用之处？过去，一般认为孔子不谈"耕战"，拒答"稼圃""轻自然、斥技艺""谋道不谋食""忧道不忧贫"，严重脱离生产实践。有许多人认为，中国两千多年封建社会，经济发展不快，就因为吃了这位老夫子的大亏。这是第一种看法。当代国外又有与此相反的第二种看法，认为世界二战后经济发展快的多是儒学影响较深的国家和地区，被提到的有日本、韩国、新加坡、中国台湾、中国香港，近几年我国大陆也被列入这个名单。"经济发展与儒学的关系"，成了海外经济学界和汉学界的科研课题。上述第一种看法是简单地从消极理性来考虑问题，而第二种看法摆脱了"科学主义"的束缚，从较深层次探讨文化对经济的影响。甚至当代一些诺贝尔奖金的获得者，认为人类在今天应到孔子那里寻找治疗西方"社会病"的方法。希望中国的学者在这方面赶上来。

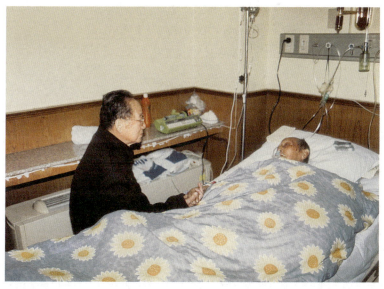

谷牧到北京协和医院看望病重的臧克家时，背诵着臧克家著名诗集《烙印》中《生活》一诗

1985 年 10 月 11 日，臧克家学术讨论会在济南召开，谷牧写了热情洋溢的贺信："克家同志：在您八十寿诞之时，特向您表示亲切的视贺。您的一生是与诗连在一起的，从学诗、写诗，到研究诗歌理论，培育诗坛新人，可以说，您的一生都献给了诗的王国。在旧中国的漫漫长夜里，您运用诗的武器，抨击黑暗，挥斥腐恶，张扬正义，讴歌光明，为新中国的诞生呐喊，留下了许多脍炙人口的名篇佳句，同时也为新诗的发展和兴盛作出了贡献；新中国成立后，您主编《诗刊》，扶掖新人，在诗歌理论研究上也颇多建树，祝您宝刀不老，写出更多更好的作品，为我们伟大祖国这个举世公认的'诗的王国'进一步增光添彩，为我国诗歌的进一步振兴贡献更多的力量。"这封贺信让老诗人很感动，他亲自抄写了给在济南工作的长子、长媳做纪念

　　我认为，孔子讲生产、经济确实不多，后人不必苛求。但儒学文化圈中的国家和地区重教育的传统，有利于为现代高新技术产业培育高素质的专家和工人；守本分（君君、臣臣、父父、子子等）的传统，有利于形成较好的职业道德。这些都可以为上述第二种观点提供有力支撑。

　　十一届三中全会后，不再有一浪接一浪的大规模政治运动，特别是在指导了孔子基金会的工作后，谷牧身上传统文化的基因得以复壮。晚年的谷牧，其个人修养日臻成熟，并愈益像他的偶像周恩来一样展现魅力。虽说与之相关的人多半逝去，但有些故事被有心人挽留于文字里，被更多的人认识。如臧克家的儿媳乔植英在闻知谷牧逝世的消息后，在《齐鲁晚报》上发表文章《难舍乡情：谷牧和臧克家由〈烙印〉结下的情谊》。她写道："2003年10月的一天，谷牧到北京协和医院去看望病重的臧克家。那时我和乐源正守在父亲的病床边。父亲身上插着好几根管子，已经不能开口说话，只能含着眼泪看着他。谷牧坐在床边，双手握着父亲费力伸出来的有些浮肿的手，眼里也闪着泪光，没有说一句安慰的话。就这样静静地看了一会儿，谷牧轻轻地、慢慢地背诵着臧克家著名诗集《烙印》中《生活》这首诗的句子：'……一万支暗箭埋伏在你周边，伺候你一千回小心里一回的不检点……'我们的眼泪随着诗句流了下来。"

　　谷牧自幼熟读圣贤书，学传统之道；接受新式教育又受到五四新文化运动的影响，曾对孔孟之道持怀疑乃至批判态度。经过革命狂飙时代，经过建设社会主义和领导改革开放的丰富实践，进入老年的谷牧又担当起了孔子基金会的名誉会长和国际儒学联合会会长的职务，回到了对传统文化高度自信认知价值的新起点。谷牧圆满完成了邓颖超大姐交给的任务，在经历了革命战争、社会主义建设、"文化大革命"动乱以及改革开放商业大潮的冲击后，在一种螺旋式升华的思想境界中，达到了更高层次的"拨乱反正"。

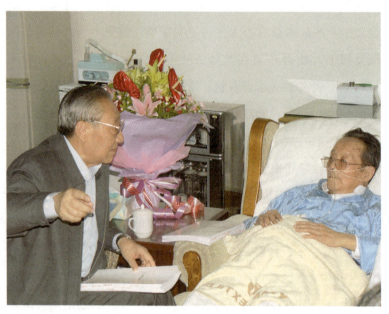

2008年初夏，李岚清到305医院看望谷牧时，谈起自己《突围——国门初开的岁月》一书的稿子，并劝谷牧在纪念改革开放30周年时一定要拿出回忆录

结　语

2009 年初，病重的谷牧从 305 医院转到北京医院。6 月，习近平同志到医院看望；7 月，李克强同志到医院看望……在生命的最后几个月里，谷牧依然关注党和国家的命运，并对新一代领导人寄予厚望。

2009 年 11 月 6 日 14 时 55 分，谷牧因病去世，享年 96 岁。

在近 80 年的革命生涯中，谷牧对党对人民无限忠诚，为民族独立、人民解放、新中国成立，为社会主义建设、改革开放和现代化建设事业，奉献了毕生精力，作出了杰出贡献。他坚守革命者和中国传统优秀知识分子做人、处世的原则，追求真理，顾全大局，实事求是，兢兢业业，注重个人修养，严于律己并严格要求子女和身边工作人员。他尊重知识，尊重文化，崇尚传统文明，长期自觉与"左"的思想干扰斗争。

谷牧的逝世，在海内外引起强烈反响，尤其是在沿海开放地区，人们不会忘记：从 1978 年底到 1988 年初近十年间，谷牧既是开放政策的探索者，又是政策的推行者；在中央他是前线的指挥官，对地方他是中央的决策者。他在经济特区和经济

技术开发区的兴办、沿海城市的开放、外资吸收利用及外贸体制改革等方面做了大量工作。人们高度评价他为推进中国改革开放、实现四个现代化作出的巨大贡献。

谷牧与邓小平同志在一起

2002 年春节期间，江泽民同志到谷牧家中看望

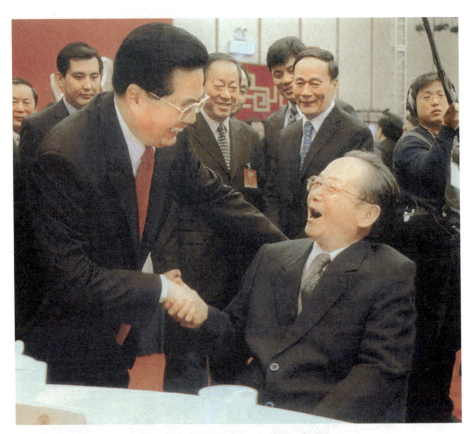

胡锦涛同志在新春团拜会上与谷牧亲切交谈

　　1985 年 9 月 24 日，中共十二届五中全会根据习仲勋、谷牧、姚依林请求，同意他们不再担任中央书记处书记。图为 1999 年春天，习仲勋和谷牧这两位同时退出中央书记处的老人再一次重聚

谷牧与温家宝同志在一起

贾庆林在北戴河看望谷牧时的合影

曾庆红同志到家中祝贺谷牧米寿

谷牧与李长春同志在一起

谷牧与曾培炎在一起

谷牧与吴仪在一起

谷牧生平大事年表

1914 年

9 月 28 日，出生于山东省荣成县（今荣成市）宁津乡东墩村一个普通农家。

1922 年

秋，入外祖父王东堂在本村（荣成镇铆岛王家庄）办的私塾。

1931 年

秋，在荣成县立第一高等小学加入中国共产主义青年团。

1932 年

7 月，转为中国共产党党员。

8 月，入山东省立第七（文登）乡村师范学校，任学校中共支部书记。主编文艺刊物《火线下》，组建"新文艺研究会""新科学研究会"等组织。

1934 年

春，因有人叛变转移到海阳县驾马沟村小学任教，化名刘曼生。在校期间，任胶东特委秘书，组建秘密联络站。

8月初，因身份暴露，转往北平。

1935年

秋，与北平地下党接上组织关系，并受命与谷景生等进行恢复北平左翼作家联盟的工作。与人创办《泡沫》文艺杂志（后改名为《浪花》）。

11月，任北平左联组织委员。

1936年

4月30日，与王一平一起被捕，未暴露身份。

5月中旬，被保获释。

8月初，受党的委派，参加东北军学兵队。

1937年

6月，到河南信阳第六十七军一〇七师搞兵运工作。

10月，随一〇七师参加淞沪会战。

1938年

1月，前往武汉八路军办事处向李涛汇报工作，并受到周恩来接见。

2月，受中共中央长江局委派，与张文海到东北军第五十七军一一二师三三四旅六六七团开辟工作，考察并发展该团团长万毅为中共特别党员。

3月，任中共东北军第一一二师工委成员。

1939年

9月6日，任中共东北军第一一二师工委书记。

1940 年

9 月，撤离东北军一一二师到中共中央山东分局工作，任分局主任秘书、统战部部长。

1941 年

11 月，组织大青山突围，不幸身负重伤。

1942 年

4 月至 7 月，被委派接待到山东抗日根据地指导工作的中共中央政治局委员刘少奇。

1943 年

3 月，参加为期半年多的整风学习。

同年起，任八路军一一五师兼山东军区政治部统战部部长。

1944 年

10 月，任中共滨海区第二地委书记兼第二军分区政委。其间，积极发动群众反奸诉苦，减租减息，全力发展生产，繁荣地方经济，进一步改善农民生活。

1946 年

4 月，任中共中央华东局秘书长。

7 月，任中共滨海地委书记兼滨海军分区政治委员。

1947 年

2 月，配合华东野战军第二纵队，歼灭郝鹏举部叛乱。

1948 年

11 月上旬，受命率滨海部队进驻新（浦）海（州）连（云港），与华中解放区淮海部队协同作战解放新海连全境。

11 月 9 日，任中国人民解放军新海连军事管制委员会主任，接管新海连。

12 月，任中共新海连特委书记兼新海连警备区政治委员、锄奸委员会主任。在新海连任职期间，给中共中央山东分局并华东局写了四份报告，系统总结接管城市的实践经验。

1949 年

2 月，主持接收国民党军黄安舰起义部队。

4 月，主持接收国民党军伞兵三团起义部队。

6 月，任鲁中南区党委副书记兼鲁中南军区副政治委员。

11 月 18 日，任中共济南市委书记兼警备区政治委员。

1950 年

2 月，任济南市市长、市协商委员会主席。

4 月 5 日，起草《中共济南市委关于镇反工作的报告》，上报上级党委并中共中央。4 月 13 日，毛泽东对报告予以充分肯定，并要求将报告转发全国各大中城市。

6 月初，主持制定《济南都市计划纲要》，提出把济南建成"轻工业中心、交通枢纽和环境优美的城市"。

1951 年

12 月 27 日，起草《中共济南市委关于反贪污反浪费反官僚主义的报告》，报送山东分局、华东局并中共中央。

1952 年

1月6日，毛泽东为中央起草批语，要求将《中共济南市委关于反贪污反浪费反官僚主义的报告》转发各大城市，并指定济南作为中央指导"三反"运动的一个联系点。此后不久，受南下视察、途经济南的毛泽东接见，并陪同其南行至徐州。

2月5日，将开展"五反"运动的经验写成报告，上报中共山东分局。2月10日，毛泽东批示，要求必须研究济南同志的经验。

3月至1953年3月，任中共上海市委宣传部部长，参加全市"三反""五反"运动的领导工作。

12月至1954年10月，任中共上海市委第二副书记。

1953 年

7月至1954年11月，任上海市委工业生产工作委员会书记，重点抓国营工业生产工作，并积极做好私营工商业者的工作。

9月至1954年1月，任中共中央华东局工业部部长。

10月至12月，任中共上海市委副书记。

11月，向到沪考察的周恩来汇报工作。

12月24日，代表上海市委作《中共上海市委关于对上海私营工业的社会主义改造问题》的报告。

1954 年

11 月至 12 月，任中共中央上海局委员。

11 月至 1956 年 8 月，任国家建设委员会副主任、党组委员（1955 年起）。

1955 年

4 月至 1959 年，任国务院第三办公室副主任。在第一个五年计划期间，参与制定重工业生产技术发展规划，为新中国经济的平稳发展和社会主义经济体系的建立作出重要贡献。

本年，受陈云委派，负责组织上海部分工商企业内迁工作。

1956 年

4 月，参加中央委托陈云牵头负责的研究管理体制改革工作小组。

5 月，随陈云到东北、中南地区调研，研究起草《关于改进工业管理体制的规定》。

7 月至 1965 年 3 月，任国家经济委员会副主任、党组委员（1959 年 5 月起）、党组副书记（1960 年 10 月起）。

1959 年

4 月 17 日至 29 日，全国政协三届一次会议举行，任政协第三届全国委员会委员。

1961 年

1 月，中共八届九中全会召开，确立对国民经济实行"调整、巩固、充实、提高"方针，并决定成立专门研究工业问题的"十人小组"。会后，为解决"大跃进"带来的严重困难，积极贯彻中央的八字方针，组织"十人小组"开展经济部门和工业交通战线工作，负责全国的生产建设调度。

2月2日至6月9日，主持召开31次"十人小组"会议。

4月25日，向中共中央报送《关于迅速克服工人私自离厂现象和巩固工人队伍的意见》，中央于1961年4月30日批转。随后，国务院批转由谷牧组织国家经委研究起草的《关于加强中央直属煤炭生产工人供应工作的几项规定》。

1962年

1月11日至2月7日，参加中共中央在北京召开的扩大的中央工作会议（即七千人大会）。

1964年

年初，任中共中央工业交通政治部主任。组织班子代中央起草《关于在全国工业交通系统建立政治工作机关的决定》。

3月16日至4月3日，在北京主持召开全国工业交通政治工作会议。

第四季度，与国家经委副主任宋养初一起抓了工业建筑设计系统开展"设计革命"的工作。

1965年

3月15日至4月3日，全国设计工作会议在北京召开，在会上作《关于设计革命运动的报告》。中央于6月14日批转该报告，国务院于 8 月下旬将会议讨论修改的《设计工作五十条》下发试行。

4 月至 1968 年 2 月，任国家基本建设委员会主任、党组书记。其间，认真贯彻执行中央关于加速三线建设、改变工业布局的方针，深入三线地区考察，部署三线布局，为三线地区的交通建设、国防工业建设、电子工业建设等做了大量卓有成效的工作。

8 月 21 日至 9 月 4 日，在北京主持召开全国迁建工作会议。

10 月 20 日，在北京主持召开全国基本建设会议。

11 月中旬，随邓小平、李富春到大三线视察。

1966 年

7 月下旬，随刘少奇到北京建工学院"蹲点"。

9 月，经党中央决定，到国务院协助周恩来抓经济工作。"文化大革命"期间，常常白天挨批斗，晚上抓工作。在最艰苦的时候，始终不忘国家建设，努力减少"文化大革命"造成的损失。表现出共产党人的崇高品格的革命气节。

11 月 16 日，主持召开工交座谈会。其间，对陈伯达提出的《关于工厂文化大革命的十二条指示（草案）》中的"允许工人成立派系组织"等条款表示了强烈反对，起草《工交企业进行文化大革命的若干规定》（即《工交十五条》）。

12 月 4 日至 6 日，向中央政治局扩大会议汇报工交座谈会情况。

12 月中旬，赴西南检查大三线建设情况。

1967 年

1 月 30 日，从成都抵达北京。一到机场，即被造反派绑架。

2 月初，被安排在中南海假山院与余秋里一起同住，协助周恩来、李富春、李先念等努力维持经济工作的运行。

2 月 14 日、16 日，参加周恩来在中南海怀仁堂主持召开的中央碰头会。会上，谭震林、陈毅、叶剑英、李富春、李先念、徐向前、聂荣臻等对"文化大革命"的错误做法提出强烈批评。这次抗争后被诬为"二月逆流"而受到压制和打击。谷牧也被"封"为"二月逆流的小伙计"。

1968 年

4 月，在国家建委已实行军管后，被安排离开中南海，回建委机关"接受群众批判"。

1969 年

年底至 1970 年 6 月，先后在驻江油的基建工程兵第一支队和驻灌县的第六十一支队当兵做工。

1970 年

7 月 11 日，遵照周恩来指示，到湖北潜江县江汉油田蹲点。

年底，接国务院通知回北京参加揭发批判陈伯达的会议。

1971 年

从第四季度起，列席国家建委党的核心小组会议，这种帮助工作的状态延续了一年多。

1973 年

3 月，领导职务得到恢复，任国家基本建设委员会革委会主任、党的核心小组组长，兼任国家计划委员会革委会副主任、党的核心小组副组长。

3 月，和粟裕牵头负责国务院建港领导小组工作。

4 月，从北至南，对沿海重点港口进行调研。

8 月下旬，在中共第十次代表大会上当选为中央委员。

9 月 27 日，主持召开全国第一次港口建设会议。不久，粟裕因病休养，独自担负港口建设的全部领导工作。在周恩来的关心和支持下，这项工作取得显著成绩，为改革开放后更大规模的港口建设积累了经验。

1975 年

1 月，任国务院副总理兼国家基本建设委员会革委会主任、党组书记。在邓小平支持下，参与组织实施对国民经济的全面整顿。

2 月 25 日至 3 月 8 日，全国工业书记会议在北京召开。其间，根据邓小平指示，主持讨论、修改《关于加强铁路工作的决定》。3 月 5 日，中共中央、国务院批准下发该文件。铁路运输由此成为整顿的突破口，推动了铁路运输形势的好转，带动了煤炭、电力等行业的生产建设。

4月下旬，向国务院常务会议汇报钢铁生产中存在的问题。

5月8日至29日，参加在北京召开的钢铁工业座谈会，修改代中央起草的《关于努力完成今年钢铁生产计划的指示》。该指示报经中共中央、国务院批准下发。

5月底，根据邓小平讲话精神，报请中央、国务院批准，对钢铁工业系统采取五项重要整顿措施，并组织有关部门努力寻找富铁矿，酝酿在沿海港口建立大型联合钢铁企业。

6月初，兼任国务院钢铁领导小组组长。

6月16日至8月11日，参加国务院计划工作务虚会，组织国家计委起草《关于加快工业发展的若干问题》的文件。后又根据邓小平意见对文件进行修改，形成《工业二十条》。

10月中旬，应邀出席煤炭部召开的全国煤炭工作会议并讲话，交流整顿工作经验。

1976年

5月底，向中共中央政治局建议召开全国计划工作座谈会，讨论如何稳住生产，控制经济形势持续恶化。7月6日，全国计划工作座谈会在北京召开。

9月9日，毛泽东逝世。受中央委托，负责组织制作吊唁时用的玻璃棺。随后，又被任命为保护毛主席遗体和建造纪念堂领导小组成员兼办公室主任。

10 月 7 日，粉碎"四人帮"后，受叶剑英之命，组织 30 人急赴上海，掌握"四人帮"及其帮派势力的动向，并及时向华国锋、叶剑英、李先念等汇报。此项工作持续到 10 月 20 日。

1977 年

8 月 12 日至 18 日，中国共产党第十一次全国代表大会举行。8 月 19 日，在十一届一中全会上当选为中央委员。

1978 年

2 月 26 日至 3 月 5 日，五届全国人大一次会议举行，任命谷牧为国务院副总理兼国家基本建设委员会主任。

5 月 2 日至 6 月 6 日，受中共中央委派，率中国政府代表团访问法国、联邦德国、瑞士、丹麦、比利时五国后，写出《关于访问欧洲五国的情况报告》，于 6 月 22 日呈送中共中央、国务院主要领导。

6 月 30 日，在人民大会堂向中共中央政治局汇报出访欧洲五国的考察情况。

7 月，在国务院召开的加速现代化建设务虚会上汇报出访欧洲五国的考察情况。

1979 年

3 月至 1983 年 11 月，兼任基建工程兵政治委员、基建工程兵临时党委、党委第一书记。

3 月至 1981 年 3 月，兼任国务院财政经济委员会委员。

5 月 11 日至 6 月 6 日，为落实邓小平关于建立经济特区的指示，受中共中央、国务院委托，率工作组到广东、福建调查研究，会同两省领导同志研究实施方案。

7月15日，中共中央、国务院批转了广东省委《关于发挥广东优越条件，扩大对外贸易，加快经济发展的报告》和福建省委《关于利用侨资、外资，发展对外贸易，加快福建社会主义建设的请示报告》。

8月，兼任国家进出口管理委员会、外国投资管理委员会主任、党组书记。主持制定了《中外合资经营企业法》，积极主张吸收外国投资，引进国外货款，争取世界银行对我国资金与人才培养等方面的支持，推动外资体制改革，对新时期对外开放的起点和发展发挥了重要作用。

9月，为借用日本政府的"海外协力基金"，奉命率团访日。经与日本首相大平正芳、外相园田直谈判，正式谈定500亿日元（当时约折合2.3亿美元）的货款，年利30%，还款期30年。这是我国改革开放中获得的第一笔外国政府长期低息贷款。

年底，全国第一次进出口工作会议召开，在会上作《积极开展国际经济合作，扩大对外贸易，加速现代化建设》的报告。

1980 年

年初，组织国家文物事业管理局和国家基本建设委员会联合起草《关于加强古建筑和文物古迹保护管理工作的请示报告》，中央书记处、国务院批转该报告。随后在长时期内主持北京恭王府遗址的抢救工作，为保护国家重要文化遗产作出重要贡献。

年初，任中日政府成员级会议的中方首席代表，经与日方洽谈，达成第二批货款560亿日元（当时约折合2.6亿美元）。不久，与日本大来佐武郎创办"中日经济知识交流会"，开辟了一条两国高层人士非正式对话的渠道。

2月23日至29日，中共十一届五中全会当选为中央书记处书记。

3月下旬，受中央委托，在广州主持召开广东、福建两省工作会议，详细研究特区建设的方针。5月16日，中共中央、国务院批转了会议纪要。

1981年

5月27日至6月14日，在北京主持召开广东、福建两省工作会议，对举办经济特区的指导思想、基本方针和重要政策性意见进行深入讨论，提出了十条意见。

7月19日，中共中央、国务院批准下发了根据十条意见写成的会议纪要。7月23日，在讨论对外经济贸易工作的中央书记处会议上，就对外开放进展情况、战略设想和有关政策措施向中央作了详细汇报。

12月底，向中央召集广东、福建两省负责人座谈，专门讨论打击开展经济领域违法犯罪活动问题。会上，受命组织打击走私贩私的斗争。会后不久，任国务院打击走私领导小组组长。

1982 年

年初，组建特区工作组，隶属国务院办公厅编制序列。

2 月 13 日，在中南海第二会议室听取国家机关事务管理局、文化部、公安部、国家建委综合局、北京市政府市建委等部门负责同志关于修复恭王府、整修琉璃厂文化街进展情况的汇报。

3 月至 10 月，根据陈云的批示，率一个小组到广东、福建就办好特区问题进行调研，认真总结经验。

5 月至 1988 年 4 月，任国务委员，在书记处和国务院仍分管对外开放和经济特区工作。

9 月 1 日至 11 日，中国共产党第十二次全国代表大会举行。9 月 12 日至 13 日，十二届一中全会召开，当选为中央书记处书记。

11 月初，向中央、国务院报送《关于举办经济特区工作的汇报提纲》，就特区进展情况和不足、经济特区的性质和国家对特区的管理等问题提出意见。11 月 15 日，中央书记处会议对《汇报提纲》进行讨论。

12 月 3 日，中共中央批转了谷牧根据中央书记处讨论意见，与国务院有关部门共同研究起草的《当前试办经济特区工作中若干问题的纪要》。

12 月，受中共中央、国务院委托，组织研究海南岛的开发、开放问题。

1983 年

2 月，出访非洲回国，直接到海南岛调查研究关于海南岛的开发开放问题。

3 月，两次召开特区工作联合办公会议，经研究讨论，形成《关于加快海南岛开发建设问题讨论纪要（送审稿)》。

4 月 1 日，中共中央、国务院批发《关于加快海南岛开发建设问题讨论纪要》。

12 月，到广东、福建检查两省实行特殊政策灵活措施情况和深圳、厦门特区及海南开放的工作，并重点对珠江三角洲各县市的对外开放工作进行考察，形成《关于珠江三角洲经济发展情况的报告》。不久，中央转发了这份报告。

1984 年

2 月，邓小平建议"除现在的特区之外，可以考虑再开放几个港口城市，如大连、青岛"。按照中央、国务院的指示，承担组织实施沿海城市开放的任务。

3 月，到天津、大连调研对外开放情况。

3 月 26 日至 4 月 6 日，具体组织中央书记处、国务院召开的沿海部分城市座谈会。会议期间，主持起草了《沿海部分城市座谈会纪要》。

5 月 4 日，中共中央、国务院批转《沿海部分城市座谈会纪要》，决定进一步开放大连、秦皇岛等 14 个沿海港口城市，并提出逐步兴办经济技术开发区。

8 月，组织召开国家旅游局专题工作会议，研究体制改革问题。

9 月，中央书记处决定成立国家支持的群众性学术团体中国孔子基金会，任孔子基金会会长，倡导、推动对孔子学说的研究、传承和发扬，为发展爱国统一战线和国际交流倾注大量心血。

1985 年

1 月 25 日至 31 日，在北京主持召开有关省、市和部门座谈会，起草了《长江、珠江三角洲和闽南厦漳泉三角地区座谈会纪要》。2 月 18 日，中共中央、国务院批转了这个《纪要》（中发 ［1985］3 号），决定将长江三角洲、珠江三角洲和闽南厦漳泉三角地区开辟为沿海经济开发区。

2 月 26 日，在深圳主持召开特区工作座谈会并讲话。

9 月 24 日，出席中共十二届五中全会。全会根据习仲勋、谷牧、姚依林的请求，同意他们不再担任书记处书记，增选乔石等 5 人为中央书记处书记。

11 月 30 日，视察海南岛并讲话。

12 月 25 日至 1986 年 1 月 5 日，在深圳主持召开特区工作会议。会后形成经济特区工作会议纪要，于 1986 年 2 月 7 日以国务院文件批发全国。

1986 年

3 月，任国家旅游局协调小组组长。

4 月，任国务院外国投资工作领导小组组长。不久，组织起草《国务院关于进一步改善外商投资企业生产经营条件的通知》。

8 月下旬至 9 月上旬，受国务院委托，主持起草《国务院关于鼓励外商投资的规定》（简称《二十二条》）。

1987 年

年初，受中央、国务院委托着手研究建立海南经济特区问题。

2 月 6 日至 10 日，在深圳主持召开经济特区工作会议。会议形成的《纪要》，国务院于 1987 年 4 月 11 日以国务院文件批发。

3 月，召开全国旅游局局长会议，提出"因地制宜、积极引导、稳步发展"的旅游发展方针。

5 月 12 日，向中共中央报送《关于海南岛进一步开放的一些初步设想》，中共中央、国务院批示同意，并责成谷牧着手筹办海南岛经济特区。

12 月 8 日至 10 日，在海口主持召开海南建省及经济特区筹备会议。会后形成《关于海南岛进一步对外开放加快经济建设座谈会纪要》和《关于鼓励投资开发海南岛的规定》。

年底，指导国务院特区办代国务院起草《关于沿海地区发展外向型经济的若干补充规定》。

1988 年

3 月 4 日，在国务院召开的沿海地区对外开放工作会议上作报告。

4 月，当选中国人民政治协商会议第七届全国委员会副主席，兼任全国政协经济委员会主任。同月起，任政协第七届全国委员会党组成员。

9 月，组织全国政协经济委员会召开农业座谈会，起草《关于发展农业的意见和建议》。

1991 年

年初，向国务院提出重点研究提高经济效益问题，实行综合治理，建立经济效益综合考核指标等建议。

1992 年

年初，组织全国政协经济委员会对农村市场流通情况进行调研，提出《关于恢复全国供销合作总社的建议》，获中共中央、国务院采纳。

1993 年

3 月 14 日至 27 日，参加全国政协八届一次会议。

4 月 6 日至 4 月 13 日，率团出访日本，参加第十三届中日经济知识交流会并致辞。

7 月 3 日，在中南海瀛台陪同江泽民会见澳大利亚前总理霍克、泰国总理差猜·春哈旺。

11月23日，在宁波会见新加坡内阁资政李光耀。

1994年

5月11日，在山东济南会见日本大来佐武郎，出席第十四届中日经济知识交流会并致辞。

10月5日，在二十一世纪剧场出席孔子诞辰2545周年纪念大会暨国际孔子学术研讨会并讲话。会上，成立国际儒学联合会，任会长。

10月7日，在人民大会堂陪同江泽民会见国际孔子学术研讨会中外代表。10月14日，为山东大青山题写纪念碑碑文："青山埋忠骨，英灵传千古"。

1996年

3月22日、26日，接受中央文献研究室采访，谈邓小平与1975年整顿及其在改革开放新时期的历史作用。

1997年

5月15日，接受中央电视台《周恩来》摄制组采访。

1998年

9月3日，接受中央电视台采访，谈举办经济特区的经历和过程。

11月9日，到人民大会堂出席"刘少奇经济思想研讨会"，并作题为《刘少奇经济建设思想是我党宝贵的精神财富》的发言。

12月14日，到全国政协礼堂出席"全国政协纪念中共十一届三中全会 20 周年座谈会"。

1999 年

2 月 12 日，接受中央电视台采访，谈当年举办经济特区的有关情况。

10 月 7 日，到人民大会堂出席纪念孔子诞辰 2550 周年开幕式暨国际儒学学术研讨会并讲话。

2001 年

11 月 16 日，夫人牟锋因病医治无效在北京逝世。

2003 年

11 月 5 日，与李岚清一起视察恭王府府邸和后花园拆迁修缮情况。

2004 年

3 月 19 日，接受南京军区文艺创作室关于包玉刚与宁波开发等有关情况的采访。

6 月 30 日，接受香港亚洲电视台采访，谈出访西欧五国、对改革开放的看法和退居"二线"后的有关情况。

7 月 12 日，接受中央电视台《东方之子》摄制组采访，谈出访西欧五国的情况、特区的由来和中国的改革开放政策。

2006 年

4 月 18 日，被世界包装组织授予"终身成就奖"。

5 月 30 日，接受中共中央文献研究室采访，谈改革开放及国家进出口委的历史。

2008 年

6 月 30 日，被日本政府授予"旭日"大勋章，以表彰长期以来为发展中日两国友好关系，推动两国交流与合作所作的突出贡献。

8 月 7 日，《谷牧回忆录》最后定稿，签字送中央文献出版社出版。

2009 年

11 月 6 日 14 时 55 分，心脏停止跳动，与世长辞。

11 月 16 日，在八宝山革命公墓举行遗体告别仪式。

（张守德　提供）

责任编辑：朱云河

封面设计：林芝玉

版式设计：汪　莹

责任校对：余　佳

图书在版编目（CIP）数据

谷牧画传 / 刘会远　著 . —— 北京：人民出版社，2018（2024.2 再版）

　　（改革开放元勋画传丛书）

ISBN 978 - 7 - 01 - 019847 - 7

I. ①谷⋯　II. ①刘⋯　III. ①谷牧（1914-2009）- 传记 - 画册

　IV. ① K827=7

中国版本图书馆 CIP 数据核字（2018）第 221329 号

谷牧画传

GUMU HUAZHUAN

刘会远　著

人民出版社 出版发行

（100706　北京东城区隆福寺大街 99 号）

北京华联印刷有限公司印刷　新华书店经销

2024 年 2 月第 2 版　2024 年 2 月北京第 1 次印刷

开本：880 毫米 × 1230 毫米 1/32　印张：11.375

字数：151 千字

ISBN 978 - 7 - 01 - 019847 - 7　定价：78.00 元

邮购地址 100706　北京东城区隆福寺大街 99 号

人民东方图书销售中心　电话：（010）65250042　65289539